行行重行行

韋　樹　定
劉　能　英　著

詩　藝　叢　刊

文史哲出版社印行

國家圖書館出版品預行編目資料

行行重行行 / 韋樹定, 劉能英著. -- 初版 --
臺北市：文史哲, 民 105.11
頁；　公分（詩藝叢刊；3）
ISBN 978-986-314-342-0（平裝）

830.86　　　　　　　　　105022144

詩　藝　叢　刊　　3

行　行　重　行　行

著　　者：韋　樹　定 ，劉　能　英
出 版 者：文　史　哲　出　版　社
　　　　　http://www.lapen.com.tw
　　　　　e-mail：lapen@ms74.hinet.net
登記證字號：行政院新聞局版臺業字五三三七號
發 行 人：彭　　　　正　　　　雄
發 行 所：文　史　哲　出　版　社
印 刷 者：文　史　哲　出　版　社
　　　　　臺北市羅斯福路一段七十二巷四號
　　　　　郵政劃撥帳號：一六一八○一七五
　　　　　電話886-2-23511028 · 傳真886-2-23965656

定價新臺幣二四○元

2016 年（民一○五）十一月初版

行行重行行

目　　次

2 行行重行行

廣北牧集編年詩選

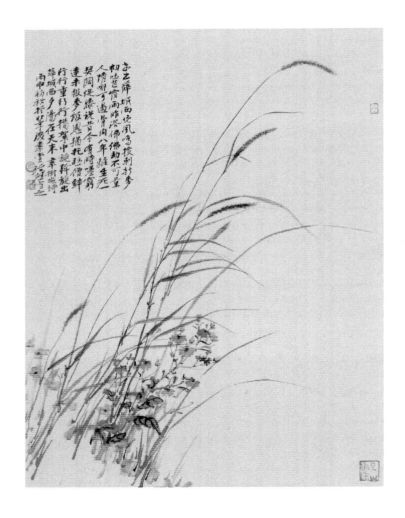

韋樹定

作者簡介：

　　韋樹定，1988 年 2 月生，男，廣西河池人，壯族。現系《詩刊》詩詞編輯，首都師範大學繼續教育學院書法專業詩詞課程講師。輯有個人詩文集《那浪吟草》《北牧集》。曾獲首屆"譚克平杯"青年詩詞創作獎、黃山龍裔杯特等獎，松江賦提名獎，女媧賦三等獎等。作品散見於《詩刊》《中國韻文學刊》《中華詩詞》《中國書畫》《書法報》《書法導報》等各類報刊雜誌及央視新聞聯播與各大網路傳媒。

己丑（2009 年）

二十一歲生日，時客中州

相如底事賦思頻？雲在嵩山樹在秦。
面壁僧徒終悔舊，首丘狐子亦傷新。
牧羊漠北歸何日，旅雁衡陽第幾旬。
我欲忘情忘不得，梁園風物又增春。

己丑夏月贈周慶昌、高順強諸兄畢業

齋心一任水東流，漫臥睢陽百尺樓。
螞蟻庸庸新事業，蟪蛄碌碌小春秋。
偶逢伯樂鞭前馬，未解庖丁刀下牛。
猛憶杜陵舟夜句，江天復值送沙鷗。

己丑重陽三首

南湖天氣著秋陰，煙鎖寒池柳月深。
鴻雁飄蕭頻入耳，菊霜爭鬥略關心。
望鄉挂杖登臺閣，聽磬隨僧到廟林。
更欲此宵拼一醉，臥他白石水邊吟。

蟬悲桐葉觸吟思，明日黃花笑我癡。
驚夢年華仍作客，轉蓬江海例工詩。
不隨雞犬升騰早，恐戀蓴鱸歸去遲。
應與侯生俱壯悔，宋州城上望鄉時。

難違世事果如何？慷慨天荒地老歌。
萬里雲層鑽雁陣，一帆風勢動鯨波。
聊斟濁酒愁如鵃，已病貧身瘦似蘿。
願得元龍樓上臥，忍將青眼再看多！

梁園雪霽

正是梁園雪霽初，煙何渙散柳何孤。
昏鴉啼斷萬家月，麻雀啄殘千斛珠。
書上枕頭空夢寐，船邊合眼即江湖。
寂寥怕被梅花問，君有嶺西消息無？

庚寅（2010 年）

除夕淹留商丘感懷

故鄉今日換桃符，異地迎新俗不殊。
車影似萍歸大海，市聲如浪退平湖。
剗書苦盼回文雁，年歲恍成過隙駒。
劇恐商丘城上望，煙花滿夜一人孤。

庚寅春節未能還鄉，聞舍弟網上留言二首

相思明月蔽窗紗，燈火睢陽十萬家。
名在孫山才有限，身臨劫海恨無涯。
傷心一掬西風淚，回首三聲北國笳。
記得揚州何遜老，蕭蕭驛路寄梅花。

暮靄寒雲臺上橫，孤身何以破愁城。
莫過荒宅嘲揚子，先到窮途哭阮生。
北海仍須長放牧，南陽未必得躬耕。
家山歸夢啼鵑血，兩處傷心畫不成。

夜讀《兩當軒集》二首

市橋悄立夜初歸，神愴星宵黯紫微。
形影吊來還草草，心魂招罷更飛飛。
山河霜露俱搖落，城郭人民半是非。
越鳥南巢歸不得，一聲汽笛淚沾衣。

四壁寒蛩子夜歌，讀詩人更奈愁何。
新春易作新秋度，好月難同好事磨。
冠蓋原來京國滿，風塵豈止洛陽多。
而今忍再拋心力，半為離憂賦汨羅。

寒夜述懷二首

幾點疏星月寂寥，殘蛩聲外夜蕭蕭。
讀書人恨無螢近，思友誰知寄鯉遙。
一劍功名催鬢髮，舉村父老苦漁樵。
此心如火兼如水，半作燎原半作潮。

睢陽客館北風寒，子夜猶聞行路難。
惡犬眠時孤夢穩，舊烏啼處二更殘。
淹留常覺光陰短，淪落反知天地寬。
一片傷心梁苑月，天涯兄弟幾回看？

網上得知故鄉河池旱災感賦

怕聽芙蓉長泣露，忍看桑梓再揚塵。
賦詩難解相如渴，鼓吹誰迎束皙身。
流火無窮哀七月，格苗有待恨三春。
書生眼淚究何用？願以精誠祈雨神。

送梁信兄之開封

吮墨嚼文幾欲狂，青春作伴未還鄉。
擷來玉菊馨梁宋，栽取金蘭閱海桑。
刊刻哪嫌頑石臭，吟哦終覺古詩香。
夷門高義須憑弔，代向侯生酹一觴。

讀劉老東坡先生官渡詩

戰場尋句暫徘徊，欲數英雄實可哀。
畢竟狐疑謀換鼎，居然狼藉到丟盔。
已無血淚漂殘櫓，尚有河山創劫灰。
官渡已荒銅雀廢，幾回神愴漢家台。

開封吟草六首

鶴汀鳧渚任支離，湖上漁家辨酒旗。
蟬噪國槐垂老樹，烏樓官柳最高枝。
夕陽一角佛無語，古　千瘢牆有詩。
重過麗人遊冶處，園深不見李師師。

浩歌充耳倍加孤，與話滄桑人事殊。
鮌子應愁除息壤，麻姑幾見泣鮫珠？
秋風古道菊初綻，落日浮庵禪欲枯。
濁酒欲傾言已忘，闌珊燈火上河圖。

個裏沉吟意轉迷，偶登繁塔覺端倪。
橫心佛看銅駝廢，豎耳天聽石馬嘶。
客路經霜叢菊淚，遺民度劫老僧齏。
大梁城上紛紛望，何處嬌鶯自在啼？

遊園昔日憶桃腮，此夕榴花寂寞開。
岣嶁碑間字泯滅，鳳凰坡上步徘徊。
名媛買壁今何在？師曠知音久不來。
向晚東風歸紫燕，隨煙散入禹王臺。

茫茫世道海揚塵，丁令還家獨愴神。
日暮蟬哀欲來雨，城頭烏泣劫餘春。
吾今喪我形枯槁，臣不如人意本真。
恐有狸貓啼夜半，包公祠下作冤伸。

君王盡日唱橫汾，不料胡塵籠汴雲。
誤國誰呈鸚鵡賦，重生要待鳳凰焚。
九州殘鐵鑄成錯，一體瘦金鏤作文。
縱使倚聲難訴恨，燕山亭外杏紛紛。

李林先生巨著《謝無量書法藝術研究》讀後感十首

書壇巨擘製鴻篇，別有風流讓後賢。
幾度鉤沉翻史海，一經刊版掃荒煙。
管城延譽紛傳耳，梁苑扶輪忍息肩？
百尺龍門導先路，只今容我枕經眠。

恩師慷慨贈琚瑤，撫卷尤堪慰寂寥。
生面喜開金石氣，幽懷偏攬蕙蘭潮。
文中靈髓虛心領，圖上龍睛無意雕。
三月渾無思肉味，始知碑趣似聞韶。

孩兒一體許推敲，誰替揚雄賦解嘲？
才出蜀川麟顯趾，師承魏晉鶴分巢。
感恩莫鑿中央帝，泣世空餘上古鮫。
遺墨窺來奇韻在，百年公論未全拋。

沉雄磊落此英豪，滄海橫流第幾遭？
大塊為懷憂地盡，中原在眼仗嵩高。
筆傳國士力扛鼎，政見元戎曾捉刀。
肉眼凡胎終不識，餘生寂寞唱離騷。

生逢多難舊山河，禹甸堯封誰枕戈？
教化崇文冀興蜀，變名學劍竟逃倭。
聞雞猶見劉琨舞，問道時聽阮籍歌。
往事風雲成契闊，幾人堪與話蹉跎？

此身許國走天涯，博塞詩書嗟歲華。
已有文章經世用，何勞業績向天賒。
射潮前輩真堪羨，攘臂諸公豈足誇。
老矣無能歸去也，青城閒詠四時花。

少年得志氣軒昂，詞客南冠鬢未霜。
婦女思潮先輯冊，平民文藝始成章。
已揮翰墨通堂奧，豈用天花作道場？
蜀俊留名更何有？甘泉羽獵繼長楊。

底事先生尚雅清？天真爛漫性中情。
卅年不盡滄桑感，一體終教館閣驚。
酩酊哭歌忘得失，淋漓濡染意縱橫。
老來莫怪張狂甚，法海圓融徹底澄。

閉門無事寫黃庭，日閱楞伽四卷經。
心未逃禪編釋史，胸仍抱志濟滄溟。
恥於市井拋名姓，忍向塵寰嗟醉醒。
只恐平生憂患事，蓮臺一訴佛愁聽。

達觀誰信是無能，勇退中流記未曾？
革命前途成塞馬，劫灰舊話有胡僧。
春晴滬市紛紛報，夜雨巴山簇簇燈。
桃李氤氳天下日，漫將老眼看雲蒸。

大四上學期考試結束後作，用龔自珍秋心韻

寒夜無端夢似潮，紛紛詩境向吾招。
九原幽緒銷殘寐，廿載狂言損細腰。
橫眼浮雲須換酒，壓身薄技只攜簫。
歸途浩渺心花散，何處高樓桂柳梢？

又過侯方域故居

豪門沒落早紛紛，不見當初四憶文。
唯有堂前石榴火，年年豔似李香君。

白雲寺鍋槐

久負叢槐出蟻居，江湖何處托微軀？
於今再探鍋中物，托得黃粱夢也無？

庚寅晚秋紀事絕句十二首

中原泊滯苦思家，望斷秋陽阻赤霞。
絕似故鄉春欲暮，半山燒透木棉花。

丙戌劫恨事如麻，回首艱虞感倍加。
一片敗荷誰救得？待施妙法注蓮華。

2006年實多事之秋，考初喪，母負傷，妹弟幼稚，而予高考成績欠佳。然而自此劫後，旋即有轉機，始知禍福相依也！近日過校園荷塘，見敗荷一片，卻能料得明年蓮葉田田。佛經有《妙法蓮華經》，故作此詩記之云云。

額上紋深鬢已秋，膝前兒女各分遊。

阿娘偷拭回腸淚，怕湧刁江向北流。

母親年且五十，每於煢煢孑立，形影相弔之時，思長子滯商丘，女在貴陽，而次子在成都，俱在其北也，老淚欲拋而不敢拋，蓋恐淚落刁江，萬一感動而使江水北流，子女見之，則更傷心！其為人母之愛，大矣哉！

朱顏誤盡是耕織，未讀黃絹幼婦詞。

此日黔靈山上望，分明紅淚掛霜枝。

吾妹嬌小聰慧，自幼為家勞作不息。求學柳州將畢業，初入成都，旋遷貴陽，又將赴昆明工作。

流離顛沛錦江城，千里蕁羹調未成。

曾勸哥哥行不得，如今只伴鷓鴣聲。

吾弟少小智力過我，亦因家世而顛沛勞苦。年秋入蜀學廚藝，而予未能相送，念當時予赴河南之秋，弟殷殷然有囑。如今伴吾弟在異鄉者，止鷓鴣聲耳！

姥家居處緊鄰神，夜半登臨摘北辰。

絕頂當時誰料見，萬仙擁護一詩人。

外祖母家居處山巔。每次省親，周圍鄉親分外熱情。夜半登臨，見眾星拱月，題記之。

孩提散學出林場，但覓群童不覓娘。

采遍沿江雞屎果，淩波忘寫十三行。

> 雞屎果者，漢語方言也！即芭樂，又稱番桃。

哀樂中年只聚眉，可憐一病竟垂危。
慰他抔土休埋怨，立馬燕然並勒碑。

> 先考終年鬱鬱，丙戌歲因絕症病故，享年五十有二。至今未曾立碑。

彈指匆匆半百年，漢蠻情誼此橋連。
魯班面目渾無記，橋側猶鐫萬歲篇。

> 吾邑壯族自稱布蠻。村中耆舊云那浪大橋為山東匠人相助修建，1966
> 年建成。橋側記有《毛主席語錄》等文革標語。

鞭炮齊鳴動九垓，五顏香糯敬高臺。
嶺腰人馬盤龍上，知是官商插柳來。

> 清明時節，桂西北家家蒸紫、紅、黑、黃、白五色糯米上墳祭祖。插柳
> 之墳多在山上，每望山上人馬眾多之家族者，知其非官即商也！

驅鬼邀神酒一壺，畫符不與漢人殊。
尋常法事村頭轉，始辨蠻方大小巫。

> 蠻地巫師甚多，而據學者調研，其多有素質，做法事從不擾民，精於壯
> 語歌行及漢人書法。巫術成為蠻鄉文化風俗之一矣。

占卜拜神心事急，奈何迷信不猜疑。
蠻民慣墜雲中霧，哪識人間弗洛伊。

> 昔日蠻地老人愚昧迷信，大小諸事即占卜問神。每論某某巫婆靈應，而
> 不知心理作用早自佛洛伊德已有研究！

庚寅壯族鬼節放歌

萬里長空連海澤，麒麟隱隱蓬山隔。
沖風卷向岱宗巔，一抹金光霞赫赫。
太白捫星尺五高，大河如雪拍驚濤。
入懷詩酒滔滔泄，身在中原氣倍豪。
忽憶今朝祭吾族，思飛百越拜昭穆。
三江浩淼眼難穿，五嶺崔嵬心欲逐。
日夜飛輪跨洞庭，仙人喚我鼓湘靈。
湘靈破水去搏鳥，詩侶放歌來掣鯨。
君不見，混沌遍澆盤古血，蠻花蠻草紛萌　。
吹笙八桂象橫田，擊壤千山魔入穴；
君不聞，敢壯天生布洛陀，神威祖業竟誰羅？
安邦七十二兒女，銅柱猶銘馬伏波；
君不知，慈海仁呵姆六甲，恩同菩薩大乘法。
靖邊又有冼夫人，終古河山收一霎。
祖德決決不可量，牂牁南下水如湯。
諸神翹首聞香火，此日招魂返故鄉。
鄉里鄉親忙俎豆，紙錢銀燭齊燒就。
四年嗟我滯梁園，遙祝神靈多保佑。
廣宇無垠發所思，高丘有女唱吾詩。
九歌紛獻少司命，十億精誠作祭辭。
家國多事徒太息，萬方罹難救不得。
書生無奈此身何，祈禱諸神賜法力。
力保金甌美且豐，政通百族隧融融。

升平海內擊銅鼓，一片雨花飛九重。
俯首齊州煙幾點，長虹碧帶接天塹。
羽衣裁之賞義和，穩駕六龍升冉冉。
鐵笛聲中雲滿車，是時鸞鳳翥徐徐。
吟成高賦歸去也，將與諸神遊太虛。

辛卯（2011 年）

辛卯春節還鄉七律五首

還鄉何事數風流？衣錦彈冠兩未籌。
霞拱青陽懸歲杪，霜籠紅葉隔山秋。
倚門送客征鴻靜，載酒回潮夢檜柔。
徒有詩名常受累，安能愜意老滄州。

故園風物杖藜尋，喬木發花鶯語深。
三載行蹤期客返，萬家鼓吹識春臨。
洋樓漸出龍蛇穴，漢語翻通猿鶴岑。
蓬蓽三間何處是？觸懷老卻少年心。

歸來萬里意何堪，蠻水蠻山得飽酣。
排嶺雲杉姿儼儼，垂波鳳竹尾毵毵。
抱雛新婦名誰解？動土遷墳地乍諳。
忽遣春溫暖如許，不須身世愴江潭。

煙花劃破夜如簾，南國迎春曲動簷。
龕上靈氛無數繞，人間好運幾家沾。
登峰未短英雄氣，撫卷修長學士髯。
北望中原強自樂，阿娘白髮並愁添。

樓前夕照映蒼岩，三十六峰屏似帆。
苜蓿生涯雖絢爛，鷓鴣天氣敢呢喃？
人情久欠疑雲淡，世味初嘗忘海鹹。
那浪橋頭拼一夢，為誰煙雨濕春衫。

桂林吟草十首

漓泉斟酌曲低徊，誰遣鶯花入鏡臺。
春淺春深君莫問，山茶紅上女兒腮。

崖畔誰吟歸去來？凋零叢桂手親栽。
當年題壁人如在，不減江南庾信哀。

靖江王府內見桂樹，樹為宋慶齡先生親手所栽。

書生匡濟夢中談，劍拂三花酒自酣。
大本營前人去也，樹猶如此我何堪。

王府內原為孫中山先生 1921 年大本營，意欲樹旗北伐，今營前老樹婆娑矣。

靖江王府萬燈昏，臨帖銜觴感舊恩。
莫道侯門深似海，侯門今已作黌門。

> 王府內即廣西師大美術學院所在地也。

江邊雨霽水晶簾，一道紅輪出畫簷。
總統演詞風靡後，駱駝峰下草纖纖。

> 駱駝峰在七星公園內，美國總統克林頓曾來此發表演說。

半塘水調出城闉，千古詞人愛落暉。
即看風流臺樹畔，雜花生樹亂鶯飛。

> 晚清半塘王鵬運先生，蕙風況周頤先生，皆臨桂人也，清季四大詞家中
> 占半壁江山，亦足以為我廣西人揚眉矣！

亭塔山歌送畫橈，平沙軟軟竹蕭蕭。
歸來最憶斜陽外，一擔鷓鴣下暮潮。

> 時在象山公園內所見。

飛花無數哭紅泥，如此浮華轉瞬淒。
南明本是南朝運，任他風雨又鳴雞。

> 南明永曆帝在桂林即位，未幾，為清軍所伐，入雲南，流緬甸，終為吳
> 三桂所殺。

詩酒生涯寤寐如，江山信美況南圖。
可憐匹馬邊城日，消得少年狂氣無？

殘宵杜宇未吞聲，春到灕江第幾程？
湖海此行應契闊，論交我亦白鷗盟。

辛卯夏月，家慈五十壽辰，客居外地，悲歌一曲記之

駱越江頭飛霞急，夭桃苦盼繁露汁。

酪果未熟烏鳥啼，堂上有母年五十。

五十年也何艱虞，顏色早褪秦羅敷。

當年浣紗人不識，一片青杉認故吾。

朝來嶺上耕，日暮伴蛩聲。

蠶桑勸不得，蠻峒險千程。

君不見，市場經濟下，但為生計逐車馬。

黃塵僕僕何足當，可憐誰肯助孤寡。

中年未斷紅羊劫，橫禍飛來真霎霎。

何怙重何怙，蓼莪使兒怯。

黃竹聲聲極蕭索，池畔層城歡娛薄。

阿母寧無子，今日獨樂樂？

有子有子滯商宋，北望雲疊山無縫。

衡陽雁歸年複年，看揮五弦嗟何用。

搔首更踟躕，橋頭聞哀鵠。

額紋寫相思，霜鬢參差錄。

鄰婦山前共采薇，遂問汝兒胡不歸？

但云我兒四牡騑，何必歸來扣柴扉。

月下暗自思，願兒莫作詩。

梁園雖云樂，不如報歸期。

有女有女在巴渝，江灘如雷霧模糊。

春雨瀟瀟片帆過，竹應有痕寄蒼梧。

幼時嘗有約，拾柴遍丘壑。
耕織不療貧，切莫怨姑惡。
女也未歸來，杖藜思綺懷。
村嫗但相問，但云我女乖。
三更燭火燼，電話長通訊。
莫若一聲娘，跟前仔細認。
有子有子錦官城，負笈得得千里行。
文翁教化傳名久，自將束脩拜簪纓。
屠龍烹鮮學成技，不見歸來送雙鯉。
苦聞人歌蜀道難，奈何五丁山迤邐。
娘思兒不休，涕泗皆北流。
幾處傷心夜，杜宇聲啾啾。
田叟每問之，便道小兒可揚眉。
遠志已采就，何用當歸為？
閉門獨發願，願兒努力加餐飯。
但使雙身健如牛，焉用青錢過十萬。
山角夕陽斜，古榕噪暮鴉。
荷鋤歸去渾無力，坐看馬路往來車。
只羨飯牛之童晚吹荻，一字不識到伏櫪。
又憶兒女少小長相宜，可憐今宵人寂寂。
莫教學腐儒，腐儒托身寄五湖。
孰云我不知天命，君不見，老嫗呼，此日有子不如無。

過永城陳官莊淮海戰場

大野奔牛馬，防門拴犬驁。
金烏沉岫緩，蒼柏入雲高。
拂幟懷猶烈，聞歌氣尚豪。
當年鏖戰處，禾黍卷青濤。

過安徽蕭縣

縣古斜街靜，樓新土酒香。
圍山雲篆寺，入夜雨黏牆。
有夢著棲鳳，無緣過伏羊。
閑花飄墜日，惟我覓詩忙。

淄博口占二首

慣看湖海陸離光，吹劍眠花鬢未蒼。
市井無人領神韻，自吟秋柳哭漁洋。

山映飛霞水映花，齊都風物盡堪誇。
行來我已詩囊飽，更訪聊齋第幾家？

辛卯七夕過陶然亭，寄梁園諸詩友四首

此朝詩不讓高才，也向名亭乞巧來。
卯酒香醇宜露潤，丁年壯志逐雲開。
看花未似垂垂老，染夢猶須片片栽。
欲問客卿何處拜？猛聽歌鼓震燕臺。

登臨目送雁徐徐，暫涉林園憂漸除。
銀漢經年傳喜鵲，濠梁昔日辯遊魚。
不應韓楚居牛後，絕羨機雲入洛初。
我亦文園消渴者，故人溫酒莫躊躇。

花前柳下作行藏，詩債連臺久未償。
三盞漸消懷抱惡，一吟聊發少年狂。
為文金石聲何遜，報國觚稜夢已長。
佳節都門忽回首，中原風雨正茫茫。

陶然暮靄入林深，獨抱箏琶寄賞音。
黏浪荷錢隨上下，駕煙鷗影自浮沉。
劇憐文字瘦於我，苦拽光陰珍似金。
相對宋燕摩老眼，不如江海訴歸心。

望嶽二首

凌空萬仞碧嵯峨，飄渺天街發浩歌。
海氣重重撲金觀，泉聲汩汩倒銀河。

餐霞閑鶴升空迴，貼壁幽花得月多。
吟興分明出塵世，直將肝膽洗煙波。

纜車轆轆上嵯峨，人力天工兩讚歌。
鐵塔仰頭捫日月，相機開胃嚼山河。
魂銷絕頂龍吟莽，身逼蒼崖虎氣多。
萬眾同心凝砥柱，何愁南海抗風波。

地鐵遇賣唱青年

車廂爆擠已成團，彈唱生涯一味寒。
禮樂數崩文字賤，俗流四泛管弦酸。
歸程猶待揪心慮，物價每須抬眼看。
信覺長安居不易，幾人春晚出西單？

初過南京

高鐵風馳到秣陵，萬家歌舞暮雲平。
江山轉手同兒戲，客地揪心諱父名。
一水秦淮秋尚淺，通宵玄武雨初晴。
六朝故事聽難飽，鴨血粉絲端石坪。

先考名諱建業。

出京城回商丘解放新村

舉國觥籌稱慶時，單衫僕僕出京師。
九州流寓誇蓬蓽，一片寒蛩唱竹枝。
窮到剩詩猶是福，狂來嗜墨轉如癡。
杖藜驅狗孤村裏，往事紛塵正拾遺。

北漂三月偶記二首

朝京客夢悔迢迢，幾度吹簫過市橋。
名片投人猶靦腆，方音尋友太蕭寥。
欲魔難使禪心定，詩債全憑瘦骨挑。
回首笑啼還一事，美名偏弄月光潮。

壯不如人老何及？嗟予帶水又拖泥。
薄差留舍成雞肋，豪語空狂負馬蹄。
佛已回頭真掛礙，儒多白眼太淒迷。
從今刪盡閑詩草，忍再倉皇禍棗梨？

贈九萬山人詩丈

宣武城南又夕陽，素衣檢點覺秋涼。
未應抱怨和諧號，只合埋憂水立方。
計拙苦施徒碌碌，恩深難報轉茫茫。
臨屏尚有山人盼，敢認並州作故鄉？

任大河版主有懷二首，步劉豫州先生韻

鶴棲華表燕棲梁，斫地高歌日正煌。
二十名場先覺贅，尋常詩酒忽無香。
逼人富貴都神馬？墮世悲歡僅斷章。
極目塵寰狂不得，大河義士勸來忙。

步王瑩瑩先生韻

慷慨銜恩拜將壇，中原落日壯於盤。
貧能嗜墨胸成竹，俗不諛人谷有蘭。
虎豹當途歌後哭，文章報國醉中彈。
眠霜數載憑誰喚？忽覺豐城劍氣寒。

二十四歲生日抒懷，用康有為《出都留別諸公》五首韻

詩酒青春戛劍橫，幾人塊壘震雷驚。
捫虱難免衷腸熱，騎虎偏將笑臉獰。
薄幸名成勞杜牧，後身才盡愧張衡。
神京聊醉皮黃裏，今日誰封大武生？

披髮長歌舊部從，義旗高插日觀峰。
經翻山海胸千仞，曲破伊涼意萬重。
堅白輿論惟指馬，玄黃血戰欲屠龍。
是非二十年前事，夜半來磨宇宙鋒。

半載行吟感故都，吾今喪我腦全蕪。
煩愁少惹茶花女，理想多虧柏拉圖。
手散黃金成秒殺，心隨麻將一團糊。
寂寥風雪山神廟，強憶蕭蕭月滿湖。

肯作童年一念留，牧牛歌裏滾田疇。
觀天真羨坐蛙井，汲水猶疑過象州。
詩不再萌誰給力，飯多怪局獨登樓。
從今折筆為雙槳，且泛洪荒諾亞舟。

布洛陀公洛甲仙，佑吾耿耿廿餘年。
愧無寸德投蠻地，豈有通才刺桀天。
招教每聞官變法，考研長對鬼垂涎。
送窮不走歸魂鬧，何處湘靈誤拂弦。

辛卯東坡生日，無與飲者，南歸車票亦未購得，乃放歌一首

噫吁嚱，今日何日？
黯雲壓八荒，北風走瑟瑟。
宣南草木凍如雞，病鶴不群雁不一。
君不見，玉皇宮殿急迎春，仙娥漫傾十萬瓊花紛而密。
寒氣襲人塞詩思，使我臨屏重呵筆。
今日東坡先生九百七十五歲矣，眉山無人吹洞簫。
英雄過往幾今古，悲催異代之蕭條。
路長山遠招誰飲，惟聞寒驢嘶干霄。

日昏讀帖傷心甚，安得黃州古淚澆。

睥睨宙合少知己，直待東海鯨鯢破冰潮。

今日散木先生墜地二十四年差三夕，載酒江湖何落拓。

大地蒼茫立錐身，俯仰冠蓋滿京洛。

檢點敝裘鑲酒痕，猶過市橋擊木鐸。

又嗟鄭衛之聲太靡靡，廣樂鈞天何處著？

寄意美人何曾會，春夢婆娑何所獲？

回首一笑百無成，大叫是今而非昨。

歸歟歸歟歸何處？書劍飄零問東坡。

先生醒目應長哭，湘南劍外之民何其多。

何其多，中有老者眂長夜，舊褥如鐵猶加身則那。

又有困婦哄孺睡，啼聲不息，雙腳漸麻可奈何。

今日雖難求一票，赧顏曾歎出無車。

可憐袖手看蒼生，蓮花池畔日又斜。

詩人況味風流地，胡為乎混跡伴蟲沙？

東坡先生應笑我，戒詩不成長咨嗟。

嗚呼！書生無力濟黎庶，不如老死東京賣餅家。

壬辰（2012 年）

天津紀遊詩鈔五首

楊柳青畫店

古樓筆墨韻如靈，四壁幽馨淡淡生。

門外春簫吹又起，一時畫境不分明。

天后宮

宮苑人流貫古今，題詩壁滿墨痕深。
年來我已隨緣慣，無復低頭佞后心。

會見親戚

縱跡山涯又海涯，數年謀面竟成奢。
蕭疏百計強留笑，來聽人歌出有車。

與親戚濱江道席上

談笑雍容到席邊，杯盤錯雜囑嘗鮮。
別開家族先河例，一語頻呼不差錢。

返京留別天津美院諸君

沽上寒燈映紫微，詞人翻作酒人歸。
嗟予老大無能甚，潦倒京華一布衣。

題范治斌先生畫苗民牧歸圖

恬居無意赴迢迢，日與黃牛話寂寥。
別有南荒安世法，禹王何必格三苗。

題范治斌先生畫松下牧歸圖

松自無言牛自佇，是誰背負畫中山？
黃昏一種懷人味，只在斜暉翠靄間。

于濤先生將之揚州，有贈

送君何事一逡巡？側目江湖有酒人。
白石詞章吟不得，四橋紅藥是前身。

與晏兄同游潭柘寺歸來作

浮靄檀香隱梵樓，面紗揭掉慨難休。
北漂無限黃粱恨，只恐京畿佛亦愁。

杭州臨平藕花竹枝詞四首

古鎮新晴響杜鵑，藕塘驚夢水驚煙，
回頭一一風荷舉，莫問阿儂憐不憐。

柳有眉兮月有痕，泊舟古渡又黃昏。
芳馨滿地無人采，一任荷花紅上門。

依舊蜻蜓自在飛，鬧紅深處是斜暉。
臨平山下綿綿路，不見詩僧詠藕歸。

何處清歌伴寂寥？上塘河水正迢迢。
行吟最愛紅蓮晚，踏遍城東大小橋。

參加中華詩詞2012青春詩會，榮獲
"譚克平獎"自嘲

汝南評月旦，獨失自知明。
長負時賢望，來添豎子名。
吾今幾喪我，人亦苦求卿。
奈此詩風裏，狂言太瘦生。

車過湖北麻城岐亭鎮杏花村

岐亭何所愛？畫裏小遊仙。
稻氣迎秋飽，湖光入夢圓。
江山成異代，詩酒尚同緣。
安得移家隱，耕雲復種煙。

北漂一周年題記二首

讀書曾慣被人誇，畢業京漂見反差。
語傲時流多避面，詩成老幹總聱牙。
憤青零涕發微博，仇富唾車過狹斜。
心氣年來消不盡，角棱還是那些些。
太息荒唐作北漂，擠完地鐵又公交。
上班早早回龍觀，歸宿年年望鳥巢。

也被月光添族譜，更從房價哭錢包。
曾經看海人猶在，莫唱秋風已破茅。

大暑日搬家

苦夏遑遑又卜居，小沙河畔覓吾廬。
笑他筆墨都成罪，累我行囊最是書。
難免心涼五環外，不該腦熱四更初。
中年哀樂提前過，更與何人話六如？

壬辰秋日京門客居感懷

詩漸凡庸人更庸，逼吾富貴馬牛風。
狂名欲老追星族，慧業終哀碼字工。
坐井觀花聊爾爾，當街畫餅又匆匆。
攜兄養母兼歸妹，盡付戈多等待中。

壬辰重陽前夕，重過商丘戲作，戲用王漁洋
《秋柳四章》韻

京師難以祭詩魂，送我吟鞭出薊門。
霜舞梁園紅有約，月依睢水碧無痕。
賣饃聲裏凱旋路，打狗房前解放村。
又向火神臺下過，北漂掌故與誰論？

　　　予畢業後，嘗居解放新村月餘，每夜歸，犬吠聲不已。

春明夏夢滿湖霜，更共何人過芰塘？
入校我真凡鳥輩，搬書師送汗牛箱。
行藏故國秋風客，婚宦同窗鑽石王。
文秀山頭根觸遍，來看舊巷換新坊。

　　畢業前夕，張新華老師夜騎三輪為我載書數箱，今仍置解放新村處。

頻看同窗著嫁衣，夢中婚禮是耶非？
到場每報錢兼益，敲缽依然飯特稀。
倩我三生頑石轉，笑他八卦滿城飛。
因緣欲譜桃花扇，壯悔堂前願已違。

自持庸福得人憐，耆老睢陽迎暮煙。
酒到張弓惟諾諾，詩於芒碭豈綿綿。
刷牙臨帖還三笑，彈指流光又五年。
此去大人休再問，元芳歸計向誰邊？

虞城劉東坡老先生來訪，並談詩于知春路，以茶見贈，報之以詩

耆老鰥生久寂寥，聯吟燕市破寒潮。
尋常傲氣因人易，六九童心向我嬌。
戒酒難熬詩癮犯，擁書偏惹茗香招。
爭愁大雅歸窮道？一脈精誠照碧霄。

過海澱魏公村，與夏志遠、劉德超謁齊白石墓，志遠命作詩，乃賦二首

百年畫擘已茫茫，鬧市猶存墓一方。
東土公真畢卡索，北漂我亦寄萍堂。
借山詩話黃泉淚，入印鄉心白石章。
只惹湘潭成悵望，幾家芋火冷星塘。

此地長眠誰獻花，我來正值雪堆加。
死如得道應乘鶴，老始成名竟以蝦。
半日閑無虛筆墨，一掊土便托身家。
憐公最是傷心事，杏子塢前梅影斜。

贈別惠州李海彪兄出都二首

倦旅難成四日留，送君揮手出盧溝。
疏疏燕雪長融恨，莽莽秦磚與砌愁。
未改讀書人習氣，聊為追夢者同流。
何當冷月尖風夜，痛飲頻思第一樓。

予為李兄餞行于"第一樓酒家"。

臨歧雪月正分輝，合影人離鬧市欷。
空笑詩壇老荷馬，寧知世界小蘇菲？

談新事業心天迥，放大光明酒地違。
已是飄零文字海，紅塵如許更何歸。

廿六初度自嘲二首

理想拿雲恐已休，折腰終向稻粱謀。
苦從編校煩劉向，豈有功名勝馬周。
欲報寸恩親不待，難調眾口仕而優。
百無一用都其次，最負詩心是首丘。

戰線長如馬拉松，老男孩跑卻龍鍾。
百年蝸走四之一，千里鶯啼半句重。
本命難違長耳兔，身材得意細腰蜂。
美人何處招愚子，費盡情多唱我儂。

癸巳（2013 年）

下考道上

帝力茲何濟，山川造化任。
羊腸歸暮犢，蚓土走雛禽。
竹被江流抱，桃從紗帳侵。
當年滋育者，一一在予心。

東蘭道上

繞壁蛇盤路，黃昏車不群。
千峰爭落日，幾戶漫停雲。
夜雨寒花墮，炊煙乳燕分。
莫憂吾道險，過往得奇文。

京中與八桂師友賈博士、黃教授一聚，有作二首

素衣京洛化緇塵，望眼南來更幾人。
百越山河空落拓，七年痞痲足酸辛。
於詩自笑獺為祭，得酒翻如龍不馴。
擾攘樓頭談國粹，忽噓涕淚黯陽春。

獨倚皇城敢自驕？履冰心結恐難消。
多情我豈成蒲柳，好客人偏失鹿蕉。

詞界欲矜臨桂派，名場終倦望京橋。
向隅忽見藤纏樹，忍唱老家三姐謠。

與夏志遠兄訪厚古堂王賀先生二首

都門暢敘夜星稀，對影居然三布衣。
畢竟憂貧真下策，從來弘毅是精威。
茶如醉客應留客，書到藏機即忘機。
但使他年經世驗，此宵箴語未全非。

勝侶頻邀厚古堂，東風人面舊疏狂。
廿年狷介陪金石，一種清真付海桑。
文字曾經春慘綠，畫圖莫致月雌黃。
席邊自笑年來事，手抱管城歌未央。

次韻答惠州李海彪兄

逝者斯夫不可尋，肯從況味惜春陰？
蹉跎髀骨將生肉，輾轉圍城漸死心。
碼字誤人貽子弟，著書羨汝占山林。
劇憐百事無成夜，只費寒郊瘦島吟。

麻城楚留光先生問訊，又於其空間相冊覓得去歲麻城領獎照片二幀有感

杜鵑城裏杜鵑飛，半載韶華一夢窺。
身世漸為才子誤，名場屢作酒人悲。
北山猿鶴休欺我，東郭雞蟲欲炫誰。
見笑歧亭諸父老，杏花煙雨又題陂。

題范治斌先生《飛鳥垂絲圖》

此樹舊曾諳，此禽亦如故。人翻非去年，誤入知春路。
范老師畫室在北京海澱區知春路。

題范治斌先生《山徑牧歸圖》三首

牧歸春夢老，山徑暮雲低。十二年前景，茫茫思粵西。

昔時詩意旺，今被亂雲鎖。牛馬走都門，周旋非舊我。

空山難料理，紛雜風雲色。日暮莫懷人，愁如春草碧。

題范治斌先生爨底村寫生稿

黃馬出蒼林，時晴兼快雨。人過爨底村，一首詩如許。

老瓦屋

卅年土屋瓦生苔，蛛網撒牆飛粉埃。
門板一行歪扭字，依稀認出乳名來。

故居老樹

少小掛梢猿不如，左掏鳥蛋右擒蛉。
重來卻被流鶯笑，往上攀爬技已疏。

畢業兩載，重過商丘得詩二首

校側徘徊一斷腸，生疏滿目舊街坊。
空餘老闆娘吆喝，牛肉煎包胡辣湯。

闌珊燈火遠車頭，一種心情嫋嫋愁。
脫口還吟前歲句：賣饃聲裏過商丘。

澠池張敏君，吾校日語系畢業也

睢陽郭上始相知，幾度京華乞米時。
難忘女郎膏澤到，每言阿里嘎多之。

綺　懷

我將遁世我將歸，我漸無為至忘機。
我有春心紅到死，可能懷抱只依依？

商丘岳冠霖兄，大學室友也，讀研于
貴州大學，追憶舊事，寄懷二首

黔陽負笈著靈氛，記否漆園探典墳？
腕下苦摹蝌蚪字，眼前翻認火星文。
名場慘澹君憐我，書道蹉跎我愧君。
最是悲欣交集夜，一箱啤酒倒紛紛。

潘令花兼荀令香，風流儒雅固宜倡。
身如印度少年派，辭好琅琊大道王。
有筆如椽應有志，其心匪石況其腸。
我今欲勸加餐飯，伊妹兒先報夜郎。

林州管正偉兄，大學同學，現系西北政法
大學研究生，昔吾校綠楓詩社社長也

短信經年字也疏，長安鄉黨近何如？
綠楓人以夢為馬，藍領詩多水煮魚。
徒有文章供玩世，應無法律命回車。
莫將秋韻湖前路，一段青春細剪除。

贈永安劉如姬女士

大石橋邊幾度詢，個儂何以致青春？
曾驚豆豆能狂想，漸唱星星也入神。
花骨朵中小眉體，水精靈上大詩人。
詞章添得正能量，羨爾童心披里純。

> 披里純，[英 inspiration]靈感。又譯"因斯披里純"。梁啟超《煙
> 士披里純》："煙士披里純者，發於思想感情最高潮之一剎那頃。"

癸巳立秋，不覺北漂兩年矣，感懷二首

身似玻璃屏上蠅，光明出路困於形。
隔城隔雨人初嫁，傷別傷春詩不靈。
聊以獨醒裝眾醉，慣將假話作真聽。
年來碰壁十三萬，慚愧當時放衛星。

助長當年苦拔苗，漸知長大漸無聊。
文章讀盡余秋雨，走狗遛彎鄭板橋。
求愛全成吹泡泡，逃名何處躲貓貓。
今天幹了哪些事，不過昨天重複描。

與諸兄過杭州抱樸道院訪雪君道長，適觀 湖上初晴後雨，返京補記二章

葛嶺尋幽一問津，秋痕約略重於春。
彌天風雨成過往，徹夜魚龍亦近親。

欲蘸名湖施手筆，來皈道主煉心神。
蘧然身在茫茫外，渾忘歸真與不真。

何人捐扇試吹簫？絮雨臨軒鶴亦嬌。
一種纏綿付西子，兩般落寞話南朝。
浮生到此參同契，殘句終須補斷橋。
欲學無為愁不得，坐看雲斂又煙消。

白塔寺酒筵恭贈虞城劉老東坡公

我昔在商丘，風雅好追逐。匪但說詩書，且慕交賢淑。
朝懷一拙篇，暮得者老服。蒙坡公厚愛，常幸招公屋。
汾酒澆之杯，轟詩遣之讀。三草散宜生，一傾珠千斛。
我心起海瀾，公歌亦如哭。拍案時唏噓，大雅傷沉陸。
我時年廿余，公當年七六。從此兩忘年，換稿塵僕僕。
我仰公之德，公護我如犢。一自我北漂，歲月無反復。
努力各加餐，天涯信未蔔。去歲歲將闌，盼公來京國。
謀面固欣欣，勤勉語滿腹。囑我勤鑽探，當為詩道矗。
匆匆數言辭，聚散成幽獨。今日接佳音，共飲白塔菊。
菊花既以馨，嘉賓亦以睦。公言笑滿筵，忽談緣於凤。
退休公門初，人生幾唐禿。麻將碼桌前，長城紛紛築。
詩社殷勤邀，詩鄉此逐鹿。便求絕妙詞，如青春發育。
一發不可收，古稀猶碌碌。今雖老幹詩，追爾風雅族。
我亦慨良多，舉觴為公祝。詩道願與公，共惜文字福。

過沙河水庫

水庫正秋深，西風滿北國。孤身立水濱，來作秋之翼。
舉翅如升天，蒼昊純無極。極目望長湖，萬頃琉璃色。
湖天兩儼然，曷以物修飾？我素求本真，不向此中匿。
天道與湖心，深長原可測。世味與人情，漠漠不可識。
我實祈彼蒼，追還世純德。莫使澤畔身，終老紅塵側。

過百子灣贈郭春雷兄二首

又過城隅索酒杯，何人慷慨説無違。
三年濡沫加青眼，一等風塵俱素衣。
法海護持君不敗，江湖牢落我全非。
即今懷抱猶多感，且向尊前醉夕暉。

斗室溫存似玉壺，昆侖肝膽感區區。
運籌逐鹿招應妙，俯首雕蟲事豈迂。
天降斯文於我輩，誰導大道至窮途。
舊邦新命從頭聞，起作高歌君子儒。

冬日重過喇嘛莊　，與志遠兄訪瑞林兄也

重訪京畿近歲闌，一時心緒雜千端。
浮雲世態成靈隱，散木生涯暫苟安。
不覺茶餘詩嫋嫋，哪堪車後路漫漫。
此行莫作詞人看，側帽尖風下暮寒。

馮流陽兄于元旦之夜自嶺南來電問候，有感兼懷王悅兄廊坊。馮王二兄，皆畫家也

往矣流年過隙駒，海涯兄弟問何如？
小康生活偶浮白，大塊丹青聊近朱。
殉道其人寧落寞？愛詩如我亦狂愚。
世間安得嬋娟久，待畫東坡水調圖。

罡風力弱歲星沉，大雅人間萬馬瘖。
宜有春雷摧朽木，要盟時彥繼亭林。
聰明事豈三生誤，手足情原一往深。
此夕月明揮麈遍，山河新繪句新吟。

廿七初度

廿六浮華一瞬疏，可憐詞客對江湖。
鮫難止淚真為礙，蟬縱吞聲尚見誣。
種種非都成電抹，紛紛劫願讓雲徂。
狂心消頓琴書老，負此人間文字奴。

失業近三月矣，即將出都返鄉

裘馬京華夢化塵，凍雲匝地不成春。
誰知燕市轔轔處，萬里逃愁著此身。

桂林道上

清漓懶散過城心，漫憶前年負手吟。
只向南溪山下路，灑些詩味耐人尋。

桂平西山頂放歌

我挾浮雲西山頂，恍然古仙飄渺影。
上仰一十二層城，浴身罡風何警警。
凡心終不敵高寒，始覺天庭不勝冷。
下攬南國之翠微，人間生機喚春歸。
君不見，亂煙深處駿鸞起，老松直欲化龍飛。
又有飛來之古寺，遙參禪理意不已。
奇石向日發異光，光射瀑響幾千里。
晴嵐沖泉作茶缸，釀得思靈仙湖竟成雙。
又不見，到眼膏腴桂平市，三江匯入寶盆裏。
金作虹橋玉幽谷，棋聲丁丁僧寮上。
欲攜雅客試乳泉，忽有奇詩從天降。

清晨過金城江

那街那樹那青山，那片粉攤那快餐。
集體陷於無意識，靜如冷水潑狂歡。

下考板坡道上

雲腳江行雜紺痕，新居舊屋兩三屯。
春風斷送羊腸裏，一種鄉魂繞到門。

甲午（2014 年）

元宵過都安道上作

背井今宵月一輪，野坳夜旅亦銷魂。
女蘿爬出瑤鄉外，山鬼張燈過上元。

雨中望北海廉州灣二首

三面橫陳海接天，銀灘潮退軟於棉。
孤舟墮入茫茫白，坐想洪荒十億年。

何日爭開春暖花？廉州灣外雨如紗。
吟詩滿地朦朧派，白馬潮回海子家。

保定道中喜晴

瘴雪蠻煙昨夢非，北征畿輔得天機。
此心漸暖車窗下，一線春陽補客衣。

海子忌日，時客居昌平

廿年彼岸夢堂皇，坐閱詩經大乳房。
我亦昌平孤獨者，魚筐沉睡火苗涼。

挹風齋李兄入京半日即返，與潘師餞歸

兩載吟哦魚雁情，都門重晤竟難鳴。
霾猶艱苦開春國，人孰張揚破酒城？
詩裏羨君得味淡，劫餘知我漸心平。
長街歸客能無緒？西釣魚臺正落英。

浦江道中

風塵新視界，移景是車窗。
春巷迷梁制，村禽帶越腔。
抽杉如劍挺，盤嶺作龍降。
人事斜陽外，匆匆過浦江。

義烏訪朱雀閣王世雄兄四首選三

築閣新區上，吾真愛此廬。
鏗鏘友金石，寂寞讀詩書。
經世誠如此，輔仁無有餘。
人來頻夢寐，荷葉托芙蕖。

歸歟胡至此？日暮客稠州。
痛飲今何夕？狂書斯滿樓。
弟昆相爾汝，少長息憂愁。
筆墨江湖裏，逍遙似網遊。

江南行到底，寒食又清明。
得得飛車過，漫漫春水平。
杜鵑妍向嫂，山筍破如兵。
雀閣還留帖，聊期鷗鷺盟。

過杭州，將之蕭山勇義寺

浮夢江南幾道灣，星程連夜赴蕭山。
詩飛柳絮菜花外，人在毛嬙蘇小間。
豈有雜文驚海角，重來百感觸風鬟。
最難社戲都看盡，傍得禪僧一段閑。

湖上行吟六首

岳廟遇雨

聖湖北望隔湯陰，三字冤魂繞廟深。
春雨漫天全化淚，霎時都助我傷心。

秋瑾墓

鑒湖俠氣渡洋詩，最憶秋風怒更奇。
此夕女郎墳下過，橫刀我欲拔鬖眉。

南屏山

樹色晴嵐雜遝生，山靈無事更橫行。
南屏一派著魔綠，鎮住人間鼎沸聲。

上天竺

梵寺禪音繞谷端，客來非復晉衣冠。
此中詩意知多少？應作恒河沙數看。

三潭印月

裏湖恬淡外湖幽，彼岸仙源草木秋。
四面金波消受盡，不知身已陷瀛洲。

雷峰塔

彌天風雨失春容，湖上煙波似病慵。
知是何人著妙手，一針直下插雷峰。

街上聽簫

一粟身由海市篩，叢林皮相漫遊嬉。
浮生哀樂歸簫孔，喚我心頭種種悲。

石家莊王海亮兄四十初度，時在延安參加青春詩會。餘連夜碼字，遙寄一律介壽，並示白雲瑞兄

誰論三十九年非？之子胸中尚有詩。
寶塔放歌心猛壯，延河下酒句多奇。

每觀人物思公等，但覺蒼天生我遲。
西柏坡頭春更鬧，相期歸路夢參差。

甲午重五夜都門送春松黃川歸後記

送客端陽轉寂寥，忍聽舉國唱離騷。
兩三燈火成知己，強半年華付捉刀。
節裏懷沙真恨恨，書中作賊只毛毛。
隔城山鬼俱揮手，怕陷長安甲第高。

夏至雨夜懷人二首

國門夜雨雲飛聲，風送燈窗萬縷清。
消夏貧居專一壑，攤書炙手擁千城。
蕉如繾綣情應吐，桂到婆娑夢未成。
轉向維南愁織女，故園無計問陰晴。

長夜蕭蕭睡意疏，仰燈心緒最難除。
行雲行雨神安在，遺佩遺鈿事總虛。
竟為懷人愁至此，可能誤我是當初？
飄零簫劍濕紅袖，異日猶煩探起居。

兼旬不得杭州上天竺寺門和師父消息，
有懷並寄一律

定也娑婆托夢魂，竺峰消息隔京門。
一春才了非非想，兩腕難除鈍鈍根。
閱世我真煩惱著，得緣師最喜歡論。
富陽山色如招隱，合續禪機共曉昏。

過琉璃廠題王春松兄扇面山水畫

春松作畫屬題扇，扇面丹青忽煥煥。
用筆設色大開張，乃我得社子鋒之生面。
游溪岩，臥高崗，我今執筆興湯湯。
但顧昆弟相爾汝，視聽娛樂極八荒。
案頭各顯屠龍技，圖本紛紛發珠光。
嗚呼！我轉思量，慟乎肝肺。
數年遊學，落拓海內。
杭州梵樓洛陽窟，幾時杯酒齊相對。
此夕趁幸過宣南，二王（王文博、王春松）搖筆散瑤佩。
仿佛昔年在商丘，斗室夜譚盡忘憂。
列坐次第揮楮墨，橫陳百態入陽秋。
詩者草其詩，畫者皴其畫。
翰藻披淋漓，簫聲出三界。

此後兩載各萍泊，佳節往往成獨樂。

山水塊壘堆胸中，一展不展心落落。

人海蚍蜉誰惺惺，春松與我隱於京。

京華冠蓋集台省，側身猶怕裘馬輕。

上有酷吏之飛騰，下則奸商之倒把。

國風大雅竟誰陳，每每哀戚向得社。

嗚呼謂我得社諸同道，我輩實為造化造。

胡不力戰金石開，白牛二酒痛澆真懷抱。

初夏過圓明園

臨榭驕陽似火明，夏宮盛況復經營。

誰知石縫劫灰沃，芳草年年忍痛生。

老張過京贈老家蜂蜜一瓶

老張過北京，饋我以蜂蜜。言是純天然，家山深處出。

此中飽鄉心，啓蓋乃昭悉。其色橙琉璃，其香盈蝸室。

我屢沖飲之，心口殊良吉。太息長飄零，殆得老張恤。

同學十一年，莫逆交文筆。文筆亦誤卿，復笑我塗乙。

碌碌各苦辛，如工蜂無逸。但我八桂人，多涵百芳質。

願此蜜一瓶，永療北漂疾。

瀋陽省吾齋主寄普洱茶一坨

齋主東北人，普洱西南產。如何縮地功，落入我杯盞？
爰以此茗香，激我翰書簡。我墨殊未工，我情固報報。
奈其情切真，條幅夜挑揀。介壽聊寄諸，敢污齋主眼。
齋主反欣然，郵茶連岩棧。我豈圖報之，既來則笑莞。
一飲知用心，三省吾身潛。古人禮器物，往往有銘譔。
今此品精誠，焉為南北限？

隆林棄兒行

君不見，隆林縣，此日親戚一大片。
又不見，楊六斤，破裳才抹涕淚新。
康橋踟躕復踟躕，寵兒境遇向誰申？
自憶昔時墜山塢，舉家雖貧樂庭戶。
緼裰溫存無履霜，豈料六載竟喪父。
父喪經年骨未寒，老母嫁得新郎官。
夜棄骨肉逃僻壤，包袱甩與祖輩看。
老翁老嫗殘風燭，弄孫無力給糖粟。
同庇一簷度四年，翁嫗雙雙奔煉獄。
嗚呼棄兒孰可憐，月得堂兄十元錢。
十元錢，何其樂，每向鄰童誇闊綽。
孤村但歌蒿里歌，何人墓門傷蓼莪。
代銷錢盡煮青草，填腹解饞自下河。

一朝得經記者訪，簡居爆料銀屏上。
憐者解囊相紛紛，粵市庠序任其傍。
盛世隆恩亟聚諸，忽覺異鄉情更舒。
棄兒十三著校服，康橋讀書廿日餘。
日日愛心捐不絕，誰知巨額竟造孽。
隆林親屬星夜來，似比菩薩心腸熱。
紛說隆林好地方，況值期考須還鄉。
不亂花此伍佰萬，當地民政保安康。
校友依依仍牽手，但說六斤哥莫走。
哥不走，奈何親屬情掣肘。
棄兒翻身作寵兒，世味如此君知否？

北京畫院觀傅抱石畫展歸來，車過東直門寄陳、王、潘三先生

國故畫家曰抱石，其畫其名光赫赫。
聞其展訊雀躍來，飽觀山水一千尺。
同行四人其誰者？陳、王畫人潘印人。
嘗為葦子相指點，指其畫趣點其神。
葦子豈不識畫理，畫理往往通詩義。
詩之比興重鋪陳，抱石用皴見胸次。
筆墨取精而用弘，此良寫手之曰能。
惟其神妙焉湊泊，在水之湄山之崚。
大壑藏舟峽出樹，山日邐迤隨雲蒸。

君不見，方今惡俗筆墨充天下，人無品鑒辨俗雅。
畫匠不師古之賢，自號推陳出新者。
一畫山水日彤彤，千山萬水面目重。
一畫花鳥必牡丹，敢使國花媚俗失真容。
嗚呼！京邑如圖夕陽飛，展覽看罷殊途歸。
東直門外人如海，窮酸詩人獨采薇。
國之大雅喪如此，欲與阿誰論是非？

西北旺公交站速寫

木槿花殘沒骨山，打人葉敗店門關。
街心一任公交刺，疼到秋陰欲雨間。

天通苑地鐵口速寫

長軌如流車似渠，多君誘餌補空虛。
瞬間網口張魔力，吞吐江湖萬尾魚。

甲午中元節後二日雨中赴中國美術館道上有作二首

出門滿耳盡商聲，天地蕭寥入目驚。
雨打殘槐花抱死，秋棲叢桂影偷生。
亂車還向愁中織，只傘翻如釜底撐。
最是壯年觀粉墨，絞然心境太難平。

拾尾青春付腳跟，平居故國孰招魂。
撩人筆墨甯全狎，據我情懷或有根。
一傘自浮煩惱海，眾生誰辨色空門。
長街秋濺流光濕，忍作迎頭法雨論。

息縣旅次

拂曉單衣客路長，暝煙和雨濕秋光。
桃花不放夫人死，更共阿誰怨楚王。

早發新蔡

帶淚紅蕉冷客途，水杉猶似執金吾。
相公破蔡千秋後，無復書生駕的盧。

沛縣懷古

其功在斬蛇，其罪在烹狗。千載是耶非，漢書持下酒。

青　豆

談不上相思，也不算討厭。那年吻舌尖，有一種雜念。

麥　秋

前年爺爺死，去年父親死。一茬接一茬，還有他孩子。

商丘閼伯台

兄弟隔蕭牆，父兒傳火正。登臺望祝融，雲雨還較勁。

張巡祠

花似濺敵血，潮傳殺賊音。一祠兩敗將，猶祭到如今。

應天書院

宋址在何處？黃河淤泥底。宋學此高標，讀書人不死。

寧陵酥梨歌

寧陵酥梨玉琥珀，金頂謝花果碩碩。
緣何太息聲滿園？梨賤傷農貴傷客。
君不見，果爛枝頭還爛攤，物之為用亦兩難。
我輩散材更如此，絕勝梨兒腹內酸。

羅浮歌贈別東園李海彪及惠州諸兄

嵯峨峰巒嶺南骨，骨中奇氣青霄發。
天神天花落道場，三十六場電忽忽。
山神山靈走相迎，上下光氛何森泠。
東園我兄導先路，今朝更作羅浮行。
羅浮花，羅浮草，汝生昔年我不曉，汝生後代我已老。
羅浮水，羅浮岩，汝暫停與魚禽相呢喃，汝先為我托潺巉。
我從京師北闕來，唯幸今日探爾汝。
汝可歌汝之歌舞汝舞，我欲醉我之詩樂樂土。
天神變石為席開，山靈點水為酒醅。
拉雜山頭各霸主，持觴敬我稱兄台。
我云列座皆異才，久矣與我交於夢。
座中最先識東園，識不足千日患難共。
此情應比惠州西湖深，此義猶比嶺表羅浮重。
列座之誼當如斯，即今乾杯以為頌。
頌曰列座顯神通，天路廣開材盡用。
人與山壽萬萬年，大鵬扶搖五雲弄。
我今歸兮汝自重，羅浮羅浮莫汝送。

與雪君遊鳳凰嶺聽余道長彈琴

淄塵不到處，京北其鳳毛。此嶺匪生面，削若太華高。
岩巒爭樹勢，秋壑競盤雕。泉與雲俱落，雷滾石愈牢。
伸腳探鳥道，健臂仿猿猱。野花壓不死，酸棗自生壕。

客來訪仙道，匝地綠雲濤。嶺腰藏精舍，道氣盈周遭。
乃見道長出，欣然迎我曹。我素聞道長，琴藝人孔褒。
不辭彈一曲，先自理素袍。端坐手拂弦，大弦乃嘈嘈。
七弦回環劃，水流沙更淘。點頓搖生氣，桐上發莊騷。
又疑鳳凰嶺，秋夢破春桃。桃花水千丈，散入萬絲條。
夕陽逐天際，若同羽人翱。安得太白賦，詠此極陶陶。

甲午中秋夜與本家代森弟赴亦莊，同廣西老表度佳節

自我渡黃淮，八年愁此節。神州慶團圞，骨肉誰傷別。
我從劫中來，悲欣相糾結。佳節看銀屏，外涼消內熱。
片席無餅湯，往往成虛設。北漂三載餘，逢秋多不屑。
今有代森弟，自邕飛京闕。中秋探老兄，頗能補前缺。
白日游故宮，同行成頗頡。向晚赴亦莊，月華皎若雪。
為有鄉人邀，情勝月華潔。雖在工地間，老表互提挈。
鄉味乃鋪筵，鄉音無捲舌。　舊與猜拳，宴邊長不輟。
舉瓶對月娥，飲之何歡悅。嗟乎若大同，赤縣壺觴列。
蒸民享不窮，極樂同巢穴。嗚呼方酒醒，又成春夢滅。
揮手更曰歸，天涯萍梗決。哀哉明年秋，此節與誰說。

步韻贈長沙張彥彬先生

始信此生無坦途，相妨才命事堪迂。
逼人富貴汾陽老，任我逍遙涸澤濡。

行路難兮泥滑滑，東風破矣鵓鵓鴣鴣。
兼程佳句不平語，添作長沙酒氣粗。

甲午冬日雅集拈得"吃"字，戲贈楚家沖醫師

我聞作詩療貧如畫餅，亦如飢後就茶吃。
茶不解飢胡飲之？畫餅飄渺韻馥郁。
一旦誘人入詩途，抽身不得在鼎沸。
嗚呼！不知楚家沖醫師，汝家藥石救詩療貧不？
願汝研製救詩療貧方，功德應勝長生佛。

乙未（2015 年）

乙未正月十八與馮流陽兄過頤和園二首

西苑春蒙帝澤恩，閣樓歷亂眼頭存。
壽山忽作風鈴怨，招盡祖年興廢魂。

湖東一帶煥靈光，堤柳熊熊幾樹黃。
不信西宮鍍金盡，金芽今又鍍毛楊。

過鄭州黃河花園口

故國水流傷口深，百年興廢莫沉吟。
那堪神禹鑿疏處，痛定哀鴻九曲心。

鞏義道中二首

村陌揚長溝壑非，窯門半掩映朝暉。
滿坡花木如蒸汽，拱作陽春發動機。

許身稷契走風煙，濩落居然勝昔年。
等似有鄉歸不得，低頭臣甫感啼鵑。

滎陽李商隱公園遇小學生郊遊

能傍詩人柳自驕，何須錦瑟弄輕腰。
夕陽亦解童年味，染得垂絲似辣條。

滎陽謁劉禹錫墓

車入滎陽城，徑奔檀山北。檀山草萋萋，望眼花如織。
湖濱楊柳枝，頓增眉黛色。陽春鬥芳菲，萬派發詩力。
人指詩豪墳，兀立公園側。及我拜墓門，歔欷三太息。
千載叩古丘，難醒劉夢得。惟茲為招魂，聊復追賢德。
大凡古之儒，文章以報國。公志在革新，美政匡社稷。
奈非善用術，功敗在頃刻。龍震九重天，亡命八黨翼。
謫官亦何哀，所幸拓詩域。巴渝至炎方，山曲竹枝直。
嗚呼陋室居，天地大雅飾。樂府擅小章，流麗多篇幅。
逮劉白唱和，往來發胸臆。神物所護持，豪氣詩無極。

今讀夢得詩，吊客何默默。以權蔭後昆，三代而勢熄。
以詩蔭後人，百代猶斂穡。檀山又夕陽，我來近寒食。
無酒以奠公，灑淚長匍匐。

鄒城訪鐵山摩崖石刻作

我生信好古，竊比于老彭。凡金石文字，欲逐一一徵。
即今復多幸，哦詩來鄒城。鄒城聖賢地，古跡發春聲。
長者善引導，遂作鐵山行。山在城北隅，公園周遭盈。
古木抽新秀，亂花通遠明。松丘一突兀，仰觀何崢嶸。
久聞有石刻，壁上掃金晴。嗟乎無隻字，崖壁漫漶傾。
史載此佛經，千字刻縱橫。其側亦有刻，石頌與題名。
體在隸楷間，後人有妙評。於今訪舊址，空壁不勝情。
長者謂我云：孩時字尚清。所惡近卅載，環保眾所輕。
酸雨降淫威，霜風蝕之砰。佛文字尚劫，人文明亦盲。
哀哉作俑者，其後豈能榮？拾階鐵山頂，雜鳥長悲鳴。
下視古鄒邑，中心多澎澎。

過西海公園

居然鬧市得幽棲，藏我胸中萬疊漪。
時有飛鳧拍心境，波光明滅似搖篩。

臺灣彰化詩友囑賦埔心歌手黃三元，限七絕一東韻二首

數曲相思韻最工，當年唱遍島西東。
即今目斷洋樓外，落照無聲紅豆紅。

我亦多情弔此公，離奇身世竟誰同？
素蘭已嫁柑娘老，腸斷黃門舊曲風。

北四環見蜀葵一枝當街斜出，乃賦短歌一首

蜀葵蜀葵生京不生蜀，長安招魂無布穀。
霓冷酒熱盈周遭，血色羅裙吞聲哭。
紅淚漸車濕我衣，轔轔燕市將安歸？
可憐錦里問消息，一時我心失南北。
嗚呼我亦湘南劍外民，與葵當街看螢幕。
速度七，蘋果六。面含笑，心獨慼。

跋山東鄒城嶧山妖精洞《文殊般若經》摩崖石刻長歌

秦並天下勢崔嵬，嶧山昔樹李斯碑。
斯書名氣動四海，斯法慘酷九州悲。
鹿馬爭鋒李斯死，秦不三世碑亦毀。
嶧陽之桐獨崢嶸，嶧陽之石空砥礪。
黃巾作亂田園蕪，我佛東來遣文殊。
普度弘法安道一，削壁秉筆真浮屠。

摩崖其間百字餘，壁前隱耀如璣珠。

珠光明滅恍生夢，佛國平安豈愚弄。

而後風雲八百年，誰料旁生妖精洞。

亂崖夜黑走妖魔，往來鄒魯興風波。

欲將妖孽比秦暴，鄒人魯人恨何多。

嗚呼此時壁上光陸離，文殊之經字字奇。

君不聞，道一尺，魔一丈，我佛法力何其廣。

上有通天之般若，下能辟邪鎮魍魎。

來拜此經靜塵寰，從此鬼蜮遠嶂山。

佛妖消長興衰罷，但願此經長保天下安。

登黃鶴樓贈秦辜二子歌

山不見靈蛇，樓不見黃鶴。

所見武昌之城拔地出，江漢之水從天落。

行舟如鯽車如蟻，紛紛草樹斜陽裏。

死人足跡生人聲，故國興亡來眼底。

下有鸚鵡之芳洲，前有龜黿之高丘。

可憐眼前萬土木，埋盡古愁埋今愁。

禰衡舊賦青蓮筆，應今之景皆失色。

我與二子俱少年，身如黃鶴來翩翩。

聯句能聯楚江水，登樓快拍欄杆前。

起視當時楚三戶，化為今日鋼筋樓無數。

古國中興尚如此，古詩中興何曾已。

二子楚材新鳳毛，長吟安能失爾曹。

手抱高樓青天觸，新詩賦動仙人窟。
藉此高樓造聲勢，共挽漢水詩潮流西北。

乙未初秋歸園田居二首

北上九年間，每歸王春旦。紺杉靡坡頭，寒花發江岸。
村居縱歡娛，春晚何繚亂。匆匆至上元，兒女即分散。
前度辭家門，至今一年半。今秋國閱兵，休假數宵旰。
秋水漲浮橋，暑氣仍蒸爨。母聞兒南歸，翹首頻揮汗。
路口三往還，嘀咕驚雀鸛。鸛飛兒未歸，橋頭坐長歎。
不知歸百蠻，幾日復返漢。嗚呼此生涯，目光送迎斷。
莫道反哺情，腸中置冰炭。月黑時起身，班車燈燦燦。

遠歸甫下車，村人村頭集。提包復牽衣，家門乃徑入。
圍擁問紛紜，尤愛問京邑。我言實難詳，阿母待客急。
忙來呼比鄰，分甘諸果粒。鄰人不母應，但向我前立。
催問婚娶期，我顏何羞澀。阿母替解圍，餐桌向客揖。
園蔬此自鋤，家酒此自給。長者延座前，鄰婦坐脫笠。
與我話桑麻，為我盛湯汁。村事説往疇，悲欣翻百褶。
幾老成新鬼，土墳添六七。壯丁走廣東，留守誰修葺？
所幸無天災，年豐穀自拾。今見汝歸來，汝母喜欲泣。
願汝常還家，汝酒常得挹。我聞但勸杯，飲罷眼角濕。

金華塔石道中

越山缺處見桃源，越山疊處見眉痕。
紅豆杉老封雲徑，白屋人家出水根。
啄殘稻菽飛鸚鵡，山人反哺玉泉乳。
秋思不損越山竹，竹村為誰青終古？

金華交椅山摘得薏苡珠有賦

生非明珠種，不做明珠夢。
一生願老蠻溪山，行人莫向天朝貢。
莫向天朝貢，貢之往往生是非。
君不見，昔日交趾，今日交椅，流落人間總堪悲。
風葉蕭蕭千穗碧，浙山浙水傷行客。
日暮采珠淚紛紛，不獨長泣馬將軍。

杭州夜飲

飲罷雄譚氣尚豪，江風吹雨乍蕭寥。
壯懷叵耐憑欄想，消盡錢塘一夜潮。

過金華八詠樓懷李易安

南國橘柚兆金秋，何事懷人八詠樓？

胡氛囂囂市塵黯，王業偏安紅顏愁。
紅顏愁，黃花寞。十四州城昔鎖鑰，如今翻似燕巢幕。
金石過眼紛紛空，徒有詞章起鬼雄。
嗚呼紅玉埋骨鑒湖死，人間無復奇女子。

與李爽、智軍兄游湖阻雨，過雙桂軒贈趙柘兄

湖外煙生葛嶺夕，秋不成秋碧瓦碧。
入巷阻雨敲木門，故人攜我雙桂軒。
雙桂軒，三魚遊。渴飲雙桂露，困臥雙桂漚。
身隔西湖八丈八，不受西湖半點愁。

登北山保俶塔，望雷峰塔戲作

君不聞，杭人有諺論名塔：保俶窈窕如美人，雷峰敦厚如老衲。
故人攜我北山陞，煙雨湖山重管窺。
美人依舊老衲非，今我或能探其微。
北山出世鮮行跡，我言其塔如姑射。
雷峰入世為鎮宰，我言其塔如法海。
今上北山雨瀟瀟，下視湖光哀斷橋。
斷橋哀，藐姑射仙無作為，我言神仙徒傀儡。
老衲出手清三界，我言法海功足拜。
嗚呼，人間青史難從頭，湖山亦須論成敗。
只恐美人青雲端，笑我北山言光怪。

雨夜過吳山訪覺社，喜與張君重逢，歸來有寄

遊湖六日五日雨，我游吳山雨又阻。
今雨舊雨腳撲朔，西泠未覺覺社覺。
張君西子故里人，浣紗曾識西湖濱。
纖手煮茶呼客坐，龍井桂花香繞門。
覺社重逢忽垂涕，未報山陰一飯恩。

謁龔定庵先生紀念館

我昔曾卜宣南宅，先生精魄中宵適。
我今來尋馬坡巷，先生衣冠不可仰。
三千花草夢先生，我亦三千之一英。
秋竹橫簫菖蒲劍，四廂花潮怒不平。
望眼湖山俱突兀，此膽裂作秦時月。
乙丙書與己亥詩，字字淬火青鋒發。
東南紈扇殊與裁，欲洗流俗清九垓。
嗚呼鵷鶵竟嚇猜腐鼠，鵷雛長唳一何苦。
百八十年變桑海，羽琌山館仍煥彩。
哭罷先生笑鵷鶵，汝曹埋骨今安在？

與鳳凰山人過蘇曼殊墓遺址有懷

此僧怪誕古無有，壯年嗜糖甚於酒。
買糖無錢拔金牙，居然傾身營腹口。

佯狂放浪僧俗間，大千禮教安能圉。
疾怒投槍沖冠發，有時朋輩皆屠狗。
三十五年鴻雁傳，扶桑斷萍南洋柳。
我來無酒亦無糖，且奠碧血詩一首。
如此才情如此恨，合與孤山同不朽。

過嘉泰軒賞高慶春先生書道行

昔聞黃帝史官辨鳥跡，分理別異造書契。
風雨忽忽鬼神驚，宣教明化傳萬世。
今聞書道嘉泰軒，秋風秋雨激靈源。
有如天岸開張後，銀潢之水流潺湲。
蓋聞先生道出黃帝之官室，書契能書述作述。
燕歌且詠邊塞聲，蘭墅且添紅樓筆。
中有孤高耿介之青邱，此真詩人今無匹。
門閥簪纓芳菲菲，傳之先生吉乎吉。
君不聞，先生腕底生風雷，健筆扛鼎鼎欲摧。
金石聲發古人魄，斷簡裂帛見道胚。
又不聞，先生心語出龍匣，西周南楚俱師法。
毛公鼎，散氏盤，其渾其厚得神完。
包山頭，子彈庫，其稚其樸托毫素。
融古通今化新風，所以剛柔不相衝。
刀筆之間尋意趣，恍開玉面秋芙蓉。
憶昔少小龍江畔，南望西泠仰高峰。
臨池日費三升墨，讀帖夜補一燈紅。
於今駒隙知天命，嘉泰軒前何去從？

風雨雞鳴詩草就，隱隱西泠夜半鐘。
披衣起視鳥蟲篆，恍見浩渺古黃農。

注：黃帝史官，見許慎《說文解字序》。高姓最早出現于上古黃帝時期，
《世本》載：黃帝臣高元作官室。唐代詩人高適有《燕歌行》，補《紅
樓夢》後半部作者為清人高鶚，有詩集《蘭墅詩鈔》。明初詩人高青丘，
孤高耿介之謫仙也。高老師對包山及子彈庫楚簡頗有研究。

壽王彥方仁兄三十三歲歌

三十不官寧有道？海藏問句傷懷抱。
我兄明朝三十三，一日不曾入廊廟。
在淵隱隱驪龍珠，在野琅琅握瑾瑜。
身外滄浪水清濁，能辨能守真丈夫。
嗚呼丈夫識字百憂集，我兄秉筆生五色。
半生頗為才所累，飄蓬天地來菏澤。
為先賢者繼絕學，為人間世育彥英。
此道應是非常道，此名亦是非常名。
欲持泰山介眉壽，我兄立身何崢嶸。

游海南昌化江，時木棉未開

停車昌化岸，我愛客遊稀。一棹玻璃水，劃開天地機。
倒山驚怪影，聞曲想紅衣。二月還三月，漁磯簇燕磯。
舟篷魚背黛，棉奪鶴冠緋。覓句今何用，壯游胡不歸？
京霾久牢落，漓酒復多違。暫得昌江樂，倚亭歌采薇。

武漢傷情雜感四首

忍向長干那畔行，滔滔天下待誰平？
淘沙十萬泥牛力，不信頹波竟挽成。

忍憶燕台又楚台，三生恩怨此全灰。
從今燒盡芙蓉種，只向心瓶供一梅。

楚雨巫雲奈恨何，館娃癡夢記曾多。
憑誰今雨說珍重，孤負挑燈填衍波。

我馬玄黃落日黃，寒山都向蔡淮荒。
九州聚鐵為情錯，第一傷心出武昌。

乙未冬至抒懷，兼憶兒時壯鄉冬日舊事五首選三

漢俗北風悲布蠻，京華此夕餃香前。
秋膘未貼耳猶凍，已是離鄉第九年。
布蠻，壯話音譯，老家壯族人自稱義也。老家無冬至節，無食餃習俗。

記得深冬放牧行，涼鞋破褲過江汀。
居然寒到今宵夢，忍作蕭蕭易水聽。

牛叫晨煙雁叫霜，北坡翻地備耕忙。
兒家白木長鑱柄，撥得餘灰煨薯香。

丙申（2016 年）

天峨黑粽歌

天峨黑粽黑如石，阿婆門口持送客。
自言家貧無長物，區區此粽送離別。
送離別，正依依，粽葉黏米哪忍離。
君不見，黑粽雖醜香馥馥，客吞入腸腸九曲。
中有故鄉春山泉，中有故鄉秋豆菽。
中有故鄉草木灰，中有故鄉心頭肉。
阿婆手自包，阿婆還自煮。
煮罷送兒赴廣東，煮罷送客赴京滬。
提粽出門眼模糊，自揉蒸汽炊煙熏眼處。

龍灘行贈代超君小領君

昔聞襄王巫峽會神女，天不能禁陽臺雨。
又聞舜帝南巡幸湘君，天不能禁蒼梧雲。

是以天造應地設，雲雨噫氣成風月。
在山高聳思無邪，在水長流情不滅。
龍灘盤走天地中，春朝日出紅水紅。
巨刀鋼山山瘉合，抽刀斷江江更通。
春風吹我江橋上，江樹有情碧千丈。
下視茫茫龍灘雲，一條線捆銀河浪。
有花精靈織霓裳，有仙亭子張華蓋。
天峨過往如電抹，虞舜楚裏今安在？
我與二君方神游，羅君綽約韋君猷。
山雨江雲淡欲收，春陽作美高峽頭。
安得龍灘盡釀酒，醉臥灘頭數酒友。

過柳州謁柳侯祠

河東一代文章伯，垂死投身南荒國。
文竟不絕身竟死，千二百年長太息。
嗚呼柳人得柳不知福，河東失柳不知悲。
近哭尚有汀封連，遠哭不到長安陞。
當時一詔夢魂冷，革新驚蛇繩在井。
如何入柳偏作掘井人，其心不死是憐民。
銘劍驅鬼釋奴子，再使柳州文教淳。
所以柳山柳水感其德，柳柑柳荔載其功。
柳禽柳蟲傳其言，韓文蘇碑頌其衷。
君不見，片石海內至今聞，朱砂拓出精誠血。

鵝山夕照亂榕紅，杜鵑泣出羅池月。
我來深替柳人歌，鄉邦安泰拜侯多。
侯之精魂長不朽，年年更綠柳州柳。

全州道中

荒隴電杆三兩村，菜花拼扯不成春。
亂山墨面偏頭痛，如避東西南北人。

怡齋生日祝酒歌

薊門花樹春皎皎，怡齋又增一歲老。
老一歲人無春愁，仿佛春風吹浩淼。
是夕怡齋張華筵，招飲眾賓高蹈前。
我聞怡齋嘉義嘉，去年今日賜因緣。
（去年怡齋生日有幸抽得怡齋所書"因緣"二字）
嗚呼因緣事豈去歲定，前緣後身真宿命。
君生甲子我丁卯，少年居然我老醜。
嗚呼我欲橫弦為君歌，我欲拔劍為君舞。
弦恐不能動君心，劍恐不能驚肺腑。
歌恐不稱今人意，舞恐不合古人步。
我今舉杯壽怡齋，祝君明朝無煩憂。
一飲今夕到何夕，飲到荼蘼花事休。

鞏義至登封道上

夢夢白日生青春，車道鑿開渾沌渾。
紅塵乳燕飛嶺樹，短垣新宅出荒村。
村頭桐花幾開落，少年入市不自覺。
半路耆老看麥愁，罵孫手機獨樂樂。
送孫入校雜車鳴，煤粉楊花漫撲朔。
一路標語煩修飾，眼前突兀真中國。

中嶽廟訪碑遇風作歌

室底盤桓仰峻極，天半陰晴雲乍黑。
我逆飆風入廟門，老柏作濤聲特特。
如嵩之靈來饗，如柏之魅怒鳴。
三十六天同慘澹，八丈九丈碑欲崩。
鐵環巨藤縛不得，蛟螭飛簷殿上行。
萬瓦刮鱗龍忍痛，萬花搖落春吞聲。
嗚呼春胡不化和風起，勁吹中州無霾滓。
能鑿大道上高天，能辟桃源出厚地。
溯古得見夏禹王，登高得見漢武帝。
嗚呼春胡不化罡風下太室，吹盡妖醜淨人寰。
使正身如金石之不敗，人心如花木之同妍。
願為嵩呼好風到，使我與春長翩翩。

丙申寒食登太室山，自峻極峰至盧崖摸黑下山

一百五日春已明，三十六峰我初上。
拾級問道訝嵩高，青天下遣造化匠。
鬼斧怒劈一線天，行宮古觀撐絕嶂。
白石齒齒松鱗鱗，春風吹樹山駘蕩。
片雲孤鶴時一啼，千桃萬杏朝天放。
登高縱覽神岳頂，劉郎武曌皆無影。
古今渺茫天地間，青山與我同日冷。
寒食日暮嵩陽黑，山鬼木末乍眼紅。
我欲扶松下問路，樵夫歸去山人空。
俄而夜幕籠四野，尋道輾轉盧崖下。
不見白練舞仙娘，反聞水怪哭鰥寡。
走壁疑驚蝙蝠飛，牽藤更作猿猱掛。
有時匍匐不敢前，惟恐深谷鬼夜話。
以杖敲石驅心魔，電筒微光牽駑馬。
壯膽同行二三子，下山喜泣倖存者。
一番損盡腰腳力，歷險奇境得飽看。
已征兩嶽雙足下，莫愁此生行路難。

清明游少林寺登少室山

天下名山僧占半，如是我云僧讚歎。
僧歎種種色相空，占與不占涅槃同。

我遊嵩室山花間，滿目恒沙雜海粟。
花猶見九頂之妙蓮，山不見少姨之陵谷。
沙是無窮之煩惱，粟是無盡之貪欲。
如散絮行荊棘途，如中心近彈棋局。
安得無眼耳鼻舌身，又無色聲香味觸。
老僧自笑呵呵呵，一法不說奈君何。
回首少林二百八十塔，新塔筍生舊塔塌，轉輪風塵仍蕭颯。
又見連天之峰鳳凰台，今日紙灰昔劫灰，人間遊戲清明哀。

早發登封，過新密堵車作

我昨盤桓下少室，我今逡巡過新密。新密春塵車不前，
回首已遮嵩室煙。天地慘澹死盤古，憂天更無女媧補。
我心如水在嵩清，我身如泥在涅悴。一旦出山成合流，
市塵並化水蒸汽。身心煩憂今復始，奔波世事每如此。

丙申上巳過曲阜孔廟孔府三首

聖廟躬逢春禊時，新槐衍綠柏分枝。
千秋禮樂歸何處，檢點殘碑某在斯。

杏壇三月趁鶯花，攜手春風泗水涯。
來憶先師儒雅事，舞雩歸詠夕陽斜。

如何壞壁出文章，衍聖諸公事渺茫。
只有垂楊勤護惜，長條掩映魯靈光。

重過鄒城，宿擇鄰山莊二首

拜聖何妨里巷深，孤桐嶧上滿春陰。
擇鄰好在琴書第，揮灑儒門有正音。

客至猶諳湯餅味，窗前飽看紫藤繁。
欲將花事追人事，兩種情懷俱忘言。

山東嘉祥縣武梁祠觀漢畫像三首

祠邊草木正披離，闕上鐫雕萬象奇。
古史居然存片石，摩挲先睹漢官儀。

訪古紛紛惑不真，武梁祠墓此逡巡。
若探鄒魯傷心事，第一傷心是獲麟。

石壁猶窺匕劍光，刺秦故史太荒唐。
憑誰說取興亡事，祠外蕭蕭響綠楊。

登嶂山

纜車直掛五峰碧，春嶺危皴千仞青。
兀坐名山天外石，不知前世在何星。

蘇州渭塘酒家席上口占二首

漠漠滄波入翠微，趁將春燕晚晴歸。
眼前風物吳門句，只有詩無愧姓韋。

吳江春暮萬杉青，暗柳樓頭豁眼明。
別有渭塘三疊曲，酒闌無限繞梁聲。

晉江石井書院

一門父子化石井，閭闔天光蕩雲影。
安海鰲頭精舍間，東風人面須識省。
院不過方塘之半畝，書不盡學海之萬頃。
章句四書無全牛，致知第一真要領。
道統千秋乃在茲，學人汲之得修綆。
君不見，活水自活閩鄉俗，天理何曾滅人欲。
石井無恙春復春，只有庭花解笑人。

海絲晉江行贈晉江詩友及同行諸君

我元八桂人，來作八閩客。
八桂與八閩，海絲同漠漠。
我于八閩何功德，諸君邀我晉江行。
八閩于我何厚薄，為君傾灑晉江情。
此情合似晉江水，滔滔漲入海聲裏。
此行合踏安平橋，南北東西連詩潮。
君不見，晉江詩開春風面，如入朱子《詩集傳》。
又不見，晉江文藻傳諸君，筆力勇如施將軍。
我來晉江三月暮，江邊千萬紅棉樹。
招盡八閩八桂英雄魂，與君高歌痛飲海上絲綢路。

車出薛城西

車出薛城西，晚風鳴撥剌。新麥初吐芒，宿雨昨浴佛。
佛劫不可量，人情哪可遏。骨肉八年離，生死一契闊。
促膝說昔今，有時嗟窮達。未報麥飯恩，猶持孤僧缽。
行行重行行，楊絮中旋斡。旋出薛城西，夕陽在天末。

又過莒南縣

伏雨初晴沭水藍，芳枝鸍鶒柳毵毵。
那堪痛灑國殤淚，又折榴花過莒南。

白洋澱觀老翁馴鸕鷀表演

客船哄哄鸕鷀邊，主翁劃槳來收錢。
日暮賞錢喜到手，苦驅鸕鷀不下船。
長篙長喝始下水，蓮絲系頸困欲眠。
六度娛客信無力，況忍午饑鬥龍淵。
淵深魚藏捕不得，踞船窺主心拳拳。
主人怒拍客嗤笑，我獨掉頭不忍看。
物情惻隱每如此，何如自賞青白蓮。

白洋澱夜放荷燈

奕奕荷上燈，玲瓏燈下荷。荷得燈作侶，燈映荷婆娑。
我手既親製，我口復輕呵。二者托一體，山鬼附女蘿。
光明雖在抱，嬌羞猶弱娥。便若親生子，含捧喜自摩。
又如親嫁女，步履未忍挪。一旦終須別，放手殊蹉跎。
送君白洋澱，奈此良夜何。月下煙水道，粼粼微風過。
寸光航漸遠，渺如一龜馱。願君先自保，餘力則降魔。
願君長相思，願世長平和。嗚呼父母心，從今為君歌。
歌罷再三囑，江湖慎風波。

京中暴雨夜老母來電

畢業垂五年，兩兒客京滬。炫詩與遠方，故圍圍老母。
反哺愧無能，老母猶種黍。憐母願歲荒，不必負黍苦。
秋黍竟豐登，白日事隴畝。近夜遭暴雨，又恐黍生腐。
新黍腐則已，舊穀賣如土。牆角埋存款，夜尋不知處。
驚慌急捶牆，致電長哭訴。慰母稍稍安，反被催婚娶。
一頭獨默然，掛電聽窗雨。忽然復來電，聞母雜笑語。
存款尋復得，沙發縫中貯。兒聞但輕斥，有錢買肉去。
京滬房價高，買房更何補？老母轉傷心，雨斷前村路。
刷刷到兒心，詩思亦悽楚。

官廳水庫海棠子歌

燕山七月海棠紅欲墮，秋風跳似櫻桃顆。
可憐千顆萬顆頭，官廳之水東西流。
此地國初興水利，多士紮根為棠棣。
旱魃水怪驚遁逃，官廳小兒持葉戲。
誰知一夜春雷殷，官廳少年春出山。
白日遊俠幽並間，白首客京死不還。
故土海棠應失色，客京無車居無室。
上網不見舊樊籬，惟見新貴連甲宅。
繞宅飛燕還復來，此時故人還不得。
春半海棠花愁開，秋半海棠子愁落。
哀哉六七十年中，白衣蒼狗變萬物。
君不聞，摽有梅，尚可托；海棠詩，不可作。

沈丘郭兄東渡日本訪學將行次韻以寄

莫道王孫去國非，中原魚藻豈心違。
力回赤運風萍末，手拜紅櫻雪夢微。
海水成連知志遠，仙方徐福記當歸。
送君空覽吾妻鏡，太息鮫痕染客衣。

丹東至朝鮮新義州紀遊詩十二首

與茗風夜遊丹東鴨綠江畔望朝鮮

江介秋風客夜來，兩邦燈影望恢恢。
恐驚隔岸遊仙夢，吐火吞刀不與猜。

丹東鴨綠江斷橋

鐵架殘墩阻客遊，斷橋即目總生愁。
當年炮擊箜篌引，一水今猶帶恨流。

隨旅遊團謁朝鮮新義州廣場金日成金正日大銅像及紀念堂

華屋銅仙向客招，黃金不是貯阿嬌。
折腰忍灑蒼生淚，又聽嵩呼震碧霄。

金日成紀念堂見戰爭舊照片上有似中國古城樓
建築問諸導遊答曰尚在今南城樓是也惜乎未能
前注登臨

城闕古樓窺漢區，兵戈舊影亂朝韓。
春風劫火存亡事，莫作睢陽張許看。

朝鮮新義州郊區化妝品工廠道上見牛車

風撫秧針夕照斜，皂香渾被稻香遮。
一鞭搖出雞林外，夢入髫年祖母家。

朝鮮新義州婦女公園傳爲女工所建無需一男丁施手

誰建碑廊記史前，園中蒲柳亂秋煙。
亭陰坐聽女工論，曾補媧皇一角天。

婦女公園見石碑上有仿古漢字“洋夷侵犯非戰
則和主和賣國戒我萬年子孫丙寅作幸未立”

鐵血磐心憤勒碑，子孫守土莫相違。
早教微啓知殷鑒，箕子何須麥秀悲。

午餐朝鮮歌女助興

體態嬌盈粉頰香，妙齡歌女惹情長。
舉邦已禁濮桑曲，腸斷擦肩阿里郎。

新義州美術館觀朝鮮戰爭題材畫展遇歐美遊客

金髮時裝碧眼珠，畫風異域指相呼。
不知畫裏玄黃戰，可有家中前輩無。

新義州藝術學校觀兒童歌舞表演

歌台日日舞連裙，數曲娥眉帶笑殷。
不減黃童江夏孝，替他師長挣工分。

拍得照片數隊自行車從朝鮮國旗下過

忽如魚貫出蜂衙，日暮騎車疾返家。
直欲蹬飛天半去，映成旗上一輪霞。

朝鮮新義州山頭見標語雕塑及永生塔

高丘無女出蒿萊，但有碑雕壯九垓。
一片朝文渾不識，且從嘆號辨風雷。

出都南行歌廣州至梧州道上作

朝辭京闕來蒼梧，如頓羲和飆輪驅。
茫茫冀野空群馬，太行倒走頹丘墟。
黃淮江淮失培塿，洞庭湘江失闒茸。
直下海隅臨廣府，列子之風何徐徐。

何徐徐，我願輕裝快擲日南珠，雲車莫繞粵西迂。
安得倒流珠江水，掣鯨搏鵬成良圖。
安得驂鸞驂鳳凰，日暮得樓梧州梧。
梧州詩公我友于，一邀再邀始問渠。
應知諸公亦情切，長詩美酒無時無。

梧州料神村謁李濟深故居

驅車料神村，白日升忽忽。秋雲開竹徑，清溪下林樾。
平疇過金風，秧針倒複崛。高荷掩映間，遙遙見門閥。
故宅懷斯人，根本在西粵。末世起兵戈，民主斯須揭。
平生沉浮事，盛名動溟渤。家國呼一統，功業昭日月。
善終歸道山，空留此村闕。故居梁上燕，歲歲化秋鵑。
飛來閱興亡，陵谷何突兀。

梧州冰井歌

冰井之泉出山穴，甘於醴漿涼於雪。
上有紅豆紅不滅，上有白雲雲不絕。
如我詩思千斛萬斛湧不竭。

梧州龍母廟歌

西江流日夜，龍母乃河伯。
惟受命於天，來保蒼梧驛。
母殺惡蛟江水紅，舜征苗亂江雲白。
蒼梧之民懷其德，蒼梧之神莫我匿。
我搴靈旗兮江上飛，龍母虞舜兮魂來歸！

朝遊梧州白雲山

朝遊白雲山，蒼氣盈重林。異禽自來去，雜花樹頭簪。
道路盤且阻，莓苔雨後侵。試此腰腳力，諸子一登臨。
登彼高亭上，翼然低千岑。眼底收全梧，雲水遙遙深。
吳均不可見，白雲豈無心？東光不可歌，早行莫悲吟。

早發河北省平山縣

早發平山縣，秋風太行麓。彌天霧昏渾，大塊亦如覆。
西窺迷井陘，石門東沉陸。飛禽下高楊，木葉何蕭蕭。
野菊日憔悴，蓮池日還縮。憶昨良辰夕，賓客會金谷。
論詩臨紅崖，湯泉走白鹿。杯酒醉醒間，歡娛去何速。
人生苦聚散，萬事雲過目。去去平山遠，天際一痕鵠。

新疆哈密魔鬼城上歌

天地沙石生我右，夢幻泡影生我左。
風力碾碎萬土丘，時光初熄火山火。
葬送佛道葬人道，葬盡溫良恭儉讓，然後著手築鬼城。
搏土卷沙人煙絕，白日墟陵縱鬼生。
有鬼揶揄雙頭馬，有鬼怒號海龜舍。
更有群鬼搖蜃樓，鬼魂遁入殘垣下。
鬼城鬼怪光陸離，往往旱　肆虐之。
倘教水流移人居，盡除魍魎與魅魑。
安得傾注四大洋海水遍栽五大洲草木，鬼城鬼死人生輪回時光軸。

鄯善道中晚景

古塞天山逼眼荒，鐃歌不復唱伊涼。
雄圖惟有斜陽振，一列丹霞射甲光。

車過吐魯番將近晚八點天仍明亮

已是中原萬戶燈，魯陽戈挽竟真成。
天公亦有憐蛾術，照我吟詩更一程。

烏魯木齊夜雨有懷

秋夜入烏市，秋雨長街冷。積水深淺窪，霓燈各倒影。
旅人如驚魚，樹枝如藻荇。游目出車窗，歷歷成街景。
寒風吹我衣，雨水濕我領。領濕不足惜，我心頗難靜。
結客來北疆，詩思如脫穎。雖無雞鳴悲，懷人發深省。
有母更遠遊，有弟各杳冥。哀樂不同時，他鄉望穹頂。
萬慮雜中心，簷雨滴夜永。

與鄭濤兄南疆達瓦昆沙漠追蜥蜴作

喀什大漠黃沙揚，蜥蜴銜骨沙窩忙。
忽聞駝鈴喚我至，小蟲掉尾逃行藏。
君不見，昔時穆王南征一軍死，猿鶴埋冤沙蟲底。
如今世道真轉輪，乃逐小人救君子。

注：《藝文類聚》卷九十引晉葛洪《抱樸子》：“周穆王南征，一軍盡
化，君子為猿為鶴，小人為蟲為沙。”

帕米爾高原中巴公路逢賣玉人

昆岡玉出玉面白，昆岡生民愁面黑。
采玉荒灘風雪霽，頭曝驕陽目如賊。
灘上雜石卵累累，片玉三月不一得。

老翁得玉售遊客，逢我問價長太息。
自言前年玉價高，大兒中佉翹課淘。
千淘萬漉雖得寶，一夕入城博塞豪。
誰料去年玉價賤，佉走他鄉不復返。
二兒入校無餘資，假期采玉哪辭遠。
今年玉價低如泥，出門小兒饑更啼。
願君買玉或易物，最喜電器與寒衣。
我聞此語竟無語，客中哪得長物許。
歸來脫衣尋老翁，天地玄黃昆岡沙塵舉。

過蓋孜河

玉水冰融左右流，大荒山海注剛柔。
問渠那得歡如許，且上瑤池溯不周。

過帕米爾高原大峽谷至喀拉庫勒湖望慕士塔格峰

眾神巡狩禦長霓，蔥嶺飆輪日又西。
峰影湖光寥廓處，一鷹一馬覺天低。

喀什謁香妃墓

城東麻紮棺累累，客來花氣尚依稀。
陵內豔骨成虛想，陵外秋花豔如妃。
紅顏君恩兩消歇，何必《還珠》更豔說。

君不見，玉環飛燕皆塵土，守陵惟有蕭蕭古楊樹。

喀什老城午後掠影二首

曲巷茶光映角巾，入秋花氣馥於春。
斜陽自下巴依宅，一款閑貓不惱人。

疏勒安西葉爾羌，幾朝鷹雁立雕窗。
滿城王氣秋風裏，曾記西遊卅六邦。

奉命組織詩人團赴廣州光孝寺采風

去年秋末謁南華，今年秋末謁光孝。
六祖足跡經年尋，不信陳跡夢幻泡。
南華肉身光孝髮，千四百年法不滅。
乃知嶺南福地兩道場，南華光孝如日月。
昔聞曹溪之水傳觀音，一勺能滋功德心；
又聞訶井之水佛尚饗，一脈能窺法源廣。
我今真拜佛因緣，率詩人謁訶林前。
古塔菩提依舊立，風幡自動詩心邊。
法師說法雨花亟，詩人佇聽開茅塞。
眼前盛況竟何似？一時佛在舍衛國。
爾時世尊傳道昌，今朝光孝真重光。
莫悲虞翻劉鋹今已矣，後人禮佛猶堂堂。
君不見，嶺南佛地詩人來絡繹，何愁青蠅作吊客。

與唐社鐘子波兄、霍重慶夫婦雛子、岳冠霖兄游越秀山

炎炎莫秋夕，陟彼古越秀。盤徑芰榛蕪，嘉木發橘柚。
機聲隔市塵，雜花出山竇。榕葉複榕根，清陰垂永晝。
聞我臨粵海，賓朋來左右。歡會越王台，將雛還挈婦。
言笑頗晏晏，鳴鸞慶邂逅。興致簪紫荆，相思擷紅豆。
陳跡木葉前，渺渺予懷舊。嗟乎趙劉輩，功名一何懋。
霸業安在哉，割據終難囿。勢如珠江水，去去不復候。
不如此青山，猶能臻萬壽。而我良朋遊，占山亦一驟。
古今入眼眉，悲歡成一皺。感極聊放懷，雲心自歸岫。
人生各有命，何如歸飲酒。攜手出山林，夕暉漏釘餖。

過六榕寺

花塔飄搖古　風，落英撲我寺門紅。
一秋走馬無成事，打點吟懷過六榕。

廣北牧集編年詞選

己丑（2009 年）

陌上花‧雨中登闕伯台

聞鐘尋望，扶松拄柏，到台頭立。細雨無邊，炊火暗標商邑。雁聲催得蒹葭老，雲影正愁花濕。憶江鄉是夢，柳邊腸斷，幾回收拾。　　少年行樂處，輕肥游馬，賞菊西風偏急。錦瑟弦音，付與晚秋寒泣。才情落在雞鳴裏，空著一身蓑笠。恐霜心，負卻綿綿遠道，思懷何及。

聲聲慢‧細雨薔薇

憑軒望極，細雨瀟瀟，孤城幾重雲織。惆悵東風，牆角玉枝無力。尋來暗香飄處，探煙痕，湘簾如璧。料夜夢，向霜啼露泣，瑤台飛入。　　兩兩三三瓣跡，怕吹冷，仿佛月魂都濕。待與商量，裝點小紅顏色。天涯這番寒暖，對家山，可憐遙憶。最不解，斷橋邊，等誰消息？

庚寅（2010 年）

賀新郎‧二十二歲生日作

羈旅梁園客。憶幾回、短衣射虎，長亭吹笛。剪盡西窗紅燭淚，剩有歪詩題壁。漫贏得、東風贊筆。眾妙門前花笑我，醉拈來、般若波羅蜜。空即色，倩誰識？　枕邊夢被滄浪濕。料平生，魂銷煙雨，影銷蓑笠。一榻書聲崩鬢雪，仿佛韶華容易。算八斗、虛名拋擲。放棹江湖歸去也，待明朝、報答春光赤。三萬里，水長擊。

前調‧自題小照

莫悵春情薄。縱情如、幾番飄絮，幾番殘萼。卻歡尚書樓尚在，燕子雙雙曾掠。又載酒，江湖落拓。芳草美人遲暮矣，有相思紅豆勞誰托？夢也被，蝶兒捉。　諸天花雨真成謔。料難容、此身說法，胸懷丘壑。畢竟因緣都一笑，底事還須斟酌？憐彩筆，教年華嚼。世界微塵槐蟻國，奈三千流水俱淹昨。嗟大雅，為誰作？

解連環・中秋節睢陽古城座談

　　古城煙織。正斜陽重抹，清芬輕揖。看雁字、草草安排，盡軟語風霜，白頭蘆荻。極目家山，但遙憶、幾番秋色。況琴書有托，志願無違，嶺南江北。　　流光總成砥礪。漸高軒夢杳，滄海人寂。待妙手、稍整乾坤，使萬里邊疆，一縮朝夕。億兆團團，自不必、相思鳴笛。念雙鯉、也應暗送，龍門消息。

高陽臺・送書友張子駿兄之杭州

　　玉笛清幽，華燈寂歷，古城漫散秋風。客裏光陰，臨池消領匆匆。管毫三寸曾拈倒，問蘭亭、酒為誰濃？料贏得、筆塔嶙峋，法海圓融。　　美人已慣愁滋味，恨桃花扇底，燕子樓中。萬點飛霜，此心怕逐飄蓬。隋堤芳草蘇堤柳，涕斜陽、滿地殘紅。剩相思、化作南屏，幾杵疏鐘。

辛卯（2011 年）

水龍吟・致莊桂森先生，用章質夫、蘇軾韻

倩誰芒碭揮毫？漫天花雨紛紛墜。錦書犀點，醉箋霞蔚，都成妙思。朝閣揉碑，暮窗懸帖，鹿門幽閉。但文風律髓，暗通堂奧，猶驚覺、東坡起。　　莫道夢華難錄，看梁園、李熏桃綴。臥樓還笑，當年多少，壯心操碎。飲罷黃龍，不如歸詠，一江春水。對斜陽、若個書生？禁得住、山河淚。

三姝媚・與志遠餞東良赴瀋陽研究生復試

啼鵑香夢杳，記蛛網塵緣，一如鴻爪。拍過闌干，漸東風熏頰，酒痕難掃。漫笑浮生，還管得、閑花多少。戀戀睢園，橫竹吹裂，不關春老。　　詩到今年瘦了。證十萬情禪，淚紅殘稿。莫賦行行，料攣鯨滄海，幾番狂嘯。醉墨淋漓，都付與、幽人懷抱。從此楚冠遼鶴，平分夕照。

喜遷鶯·北漂二首

車碌碌，鼓宣宣。楊柳六街煙。偏逢米貴住長安，日暮覺衣單。
詩欲成，歌又歇，過眼枰棋風月。少年幽夢醒黃粱，人海一身藏。

鶯嗓細，月眉低。孤影夜何其。天涯情味一絲絲，攪拌不成詩。
梨腹酸，蓮心苦，莫向韋郎悄訴。歸蠻無計掩啼痕，長此負秋魂。

馬家春慢·網聊之後補寄馮鑠兄

馮鑠兄，商丘人也。素好詩詞，工書法。己醜晚秋相識。後於河
南大學復習考研，未第。隨後輾轉於豫東各縣，從事土木工程。
今日網聊，得知馮兄恰在開封，遽然記起去年此時咸遊汴中舊
事。回首舊詩仍在，人各千里，不勝感慨，填成一闋。

醒酒旗亭，捵茶翰苑，拂鬢金風蕭颯。指點吹台，換星
斗、古今如霎。多少浮生夢寐，笑題壁、虞詩繁塔。盡萬鴉、
沉下斜陽，枉繞楊三匝。　　虛誇此生慧業，歎風雲幻滅，
色相紛雜。我負文章？文章負我？都成灰劫。志士丹衷鈍了，
只拼得、嚼愁如蠟。且枕劍眠霜，夜聽蒼龍悲匣。

鷓鴣天·重過北大未名湖

負手斜陽並客肩，拋來媚眼柳娟娟。碣碑朱字依然在，
漪浪金魚若個邊？　　歸計左，夢途偏。誤人鶯燕自年年。
湖山信美非吾土，愁煞登樓王仲宣。

踏莎行‧火車過黃河感懷

鴻雁飄零，江湖寂曆。紛紛木葉飛如鯽。昆侖不語太行垂，霜魂搖落簫心濕。　　人海人天，漸行漸仄。一聲汽笛蘆頭白。中興何日起詞人，猛聽龍嘯河南北。

長亭怨慢‧濟南道上

最難寫、泉城秋杪。雁唳長空，岫寒煙杳。鼓角低徊，六街清夢、總難掃。碧湖紅樹，瞞不住、鶯鶯老。敗柳倚旗亭，更幾處，天涯芳草？　　皎皎，漸霜濃似酒，博得旅魂顛倒。紅塵太軟，截塊壘、竟無人表。只怕是、醉裏狂呼，卻還被、諸公調笑。對海嶽橫眉，描取新愁多少？

念奴嬌‧‧麻城杏花村杜公湖

楚江風物，正清芬千里，春光如織。落日輕歌阡陌裏，載酒平湖晴碧。玉佩荷衣，魚磯鳳沼，積潤苔無極。杏花飛雨，不知何處鄉國。　　莫笑馬上催詩，枕邊滴夢，正惹秋娘憶。寂寞樓頭張好好，錦帖又遲消息。湘管簧寒，鄂壘心凸，記否三生客？湖山如許，一村醒酒今夕。

壬辰 （2012 年）

菩薩蠻・壬辰人日，時客居前青廠胡同

　　客京況味愁蒼莽，月眉勾到前青廠。郎亦水蛇腰，詩魂銷不銷？　　元知空即色，還為誰貪黑。一再怕憑欄，煙花和淚看。

前調・馬泉營道上

　　伊誰預約東風客？街頭走漏春消息。雨後燕還家，猶銜三兩花。　　天涯心未老，只是人情杳。回首望京門，負他新酒痕。

卜算元慢・都門送管兄

　　搓棉柳老，嬉瓣蝶飛，獨眺送春歸路。日暮車龍，掩卻薊門煙樹。奈歡場、聚散元如許。但認取、高樓夜色，升平總賴歌舞。　　萬一青春去。恨客館梁園，頓成今古。夢幻難留，泡影幾番電露。甚長安，居易全無據。歎故國、繁華過眼，化無情風雨。

江南春慢・過聊城姜堤依綠園

蟬帶齊風，鶯翻魯韻，名園偏據南郭。回廊曲水，漫紫煙、環抱飛閣。荷露尖尖角。蜻蜓早、任他綽約。便賞取、扶欄醉蝶，認陌歸蜂，隨魚戲到雲腳。　遊人競，消夏樂。有急管繁弦，正催芳魄。流連浣女，更幾度、嬌羞紅藥。池苑清於璞。多情綠，水城夢覺。高詠去、濯我足兮，濯我纓兮，醉來與誰商略？

癸巳（2013 年）

賀新郎・寄深圳大學秋水君

別說天涯事！每臨屏、一番談笑，一番垂涕。君本北人成南客，哭我南人北地。況都是、傷春年紀。那點詩心空自許，笑葦郎、難舍梨花體。猜結果，太迷你。　越王臺上東風起。不該忘、長安街外，未名樓底。別後流霓無眠夜，便數綿羊到幾？被愁攪、木棉香裏。也自攤書為斑竹，願從今、珍重相思紙。如有空，賦秋水。

南鄉子·五月將有商丘之行，先寄舊友

梁苑夢多違，不見青春偏愛誰。細把流年都數落，灰飛，只剩簫心淡淡悲。　　豔說為尋梅，此種情懷可厚非？散木先生歸去也，誰催？公主墳前叫子規。

相見歡

自水南莊步行至國粹苑看展，懷前年初來此地，秋雨紛紛。

買春何處淒涼，趁斜陽，側帽青衫人過水南莊。　　花殘碧，夢狼藉，且思量。我是前年秋雨一亡羊。

鷓鴣天

自美術館行至王府井，過涵芬樓得句，湊成此調。

舉國繁華又過場，江湖到此兩相忘。何妨霓彩成朝露，讓與亂鴉塗夕陽。　　穿攘攘，認興亡，悄無人處嗅書香。涵芬樓下春如紙，印過愁痕第幾行。

七娘子

五一過北京植物園，初識碧桃花樹，想故園桃花，應零落矣。

殘春無那潛規則。這樹風、吹到兒時澀。見說蜂狂，還招蝶惜，小桃不要青山隔。　　郎今自怯回消息。漸損心、漸漸花容易。贏得天涯，輸她紅寂，輸她世界茫茫白。

錦堂春慢

青年節招諸兄聚于六道口，時夏志遠兄自中州歸來，又憶前年今日詩集座談會，不無感慨，倚聲記之。

夕照飛絲，東風兌酒，京門不覺春深。蟬自聲聲吞吐，換了青禽。還替花愁多少？如今沒個花心。笑老成年紀，多感情懷，刻意狂吟。　　夢裏中原一髮，盡猩紅破碎，慘綠浮沉。回首之山之水，無計追尋。只有當時明月，略可記，那片平林。在這繁華場上，休說青春，容易沾襟。

望南雲慢

立夏日送張新華老師出都，過劉大姐處，不覺長安佳木成蔭矣。

電露流光，又水逝迢迢，春去匆匆。人間弈局，歎太平世道，鴻爪西東。芳訊纏綿了，問色相、回頭是空？奈何陵谷，敗與繁華，一陣微風。　　丁冬！喚醒何人，長安倦旅，歸心到底龍鍾。青春草草，料無處安排，幾許飄蓬。也諒非吾土，看黍離、何妨故宮。只嗟愁海，特地勞人，來認桑紅。

定風波

立夏後一日體檢無恙，忽憶同事吳哥戲言"年輕時用健康掙錢，老了沒錢買健康"又憶先考事，感極而悲者矣。

何苦輪回這涅槃，為生求佛病求仙。少壯辛酸求一票，強笑，可能保票到天年？　　老去茫茫憐賣拐，苦海。絕知忘世少靈丹。我向古詩愁處死，僅此，那時人類了無言。

蝶戀花

風雨送春，萬綠飄搖，不覺入職知春路一年整矣。

早識長安羈旅誤，還惹流年，還惹傷心去。著意傷春春不語，為誰愁到知春路？　　捅破情天無計補，禁雨禁風，禁得斜陽否？我本人間惆悵主，天涯沒個商量處。

百字令

襄陽楊強兄旅京數日，下榻蓬蓽，未能盡善，昨夕匆匆返太原，寄來詩作四首，填此闋以復函耳。

神游故國，歎長安偌大，何人容與？我自悲歌成檢點，賃屋一椽風雨。二十文章，千重義氣，難掃愁如許。任君說笑，後庭輸與商女。　　多少歌舞繁華，朱門白眼，待年時漫數。金粉霓虹銷鬧市，匝地傷心誰顧。夜永天荒，星稀夢瘦，不是詩能語。太行西去，有人悄送鵬舉。

一萼紅

癸巳秋月，舍弟還家，報云後庭兩株柑橘結果甚豐。蓋此柑者，乃癸未甲申間，為我兄弟所手植，遑遑十年矣。而十年間事，人天風雨，寧不有辭乎。

涙痕長，算悲欣多少，心路細思量。前度黃柑，後庭玉樹，十年風雨茫茫。最記得、煙熏塵劫，便和泥、榮辱更凌霜。觸目寒雲，驚心短鬢，不及炎涼。　　時有春霖澆濟，但分恩滴義，也自難忘。禽守新枝，蟬歸舊葉，芽兒漸露珠光。料恁日，修成正果，對萱庭、歌鼓夢甘棠。夢熟經時又怕，散落蠻荒。

蝶戀花‧重過商丘

燈火前街黃一角，特地回頭，巷口愁如昨。紙上流年都落索，如何怨得西風薄。　　自是車聲煩不覺，對此茫茫，梗泛還萍泊。散木先生無事作，夜深容易思量著。

金縷曲‧李鴻章故居雅集分韻拈得"萬"字

歌哭憑誰奠？望淒淒、斷鴻樓宇、落花庭院。霸業虛隨流水去，後海紅桑都換。但惹得、北洋寒顫。城府如藏兵百萬，卻如何、賠款三千萬？榮與辱，等身看。　少年也作封侯願。漸而今、北漂無那，是非恩怨。猛向淮南思皓月，歸去冥冥還管。笑著史、蠹蟲零亂。不見升仙雞犬問，算同情、只有堂前燕。吟到此，夕陽淡。

蘭陵王‧與莊桂森師登陶然亭，補記

踞城曲。最愛江亭放目。嚴風下，遙控一湖，亂葦搖春作幽獨。多憐萬斛玉，容易冰封雪築。關心也，千樹冷香，盡向窯台種憂鬱。　亭邊幾陵谷？記陷恨滄桑，迷夢南北。長安都換新棋局。想大隱人海，小癡遊戲，餘生爭可耐碌碌？倚亭任歌哭。　京國。略知足。算雅亦吾師，儒亦吾族。文章道德亦吾福。有舊雨重敘，舊楹重讀。陶然乎此，讓內裏，得救贖。

玲瓏四犯‧與韋勇、李垂隆弟游陽朔遇龍橋，歸來並寄

路轉溪橋，正幾個兒郎，遊興初起。腳下春風，添了數峰生意。薄靄不礙飛車，但送與，十分靈氣。泊人家灘上榕底，贏得一篙柔水。　水鄉無那繁華洗，趁斜陽、漾成歸思。故山總出西南望，幾見人頭地？疏鑿舵手何在，只悵惘、半塘身世。奈遇龍才識，年年沒，江花裏。

念奴嬌・游桂平金田村，戲用蘇軾韻

百年穿越，與天父視察，金田風物。荒草萋萋人事改，上帝公然面壁。我歎興亡，艱難民眾，冤魄何時雪？問之天父，洪楊能算豪傑？　　天父惟怒惟言：洪楊小子，借我聲名發。一堵蕭牆沾血淚，難怪清妖難滅。蝸角觸蠻，雞蟲牛鬼，莫笑長毛髮。可憐人類，那些征伐年月。

甲午 (2014 年)

蝶戀花

杭州夜飲，三品兄吹簫為娛，諸兄命填詞，作此調寄懷。

芳日晴簫傳脈脈，湖水湖絲，特地纏綿惜。春草年年傾故國，倩誰負手斜陽陌？　　鬧盡紅情銷盡碧，多少思量，湖上勾留客。萬一江南拋不得，如何腸斷拋江北。

熙州慢・老張生日，自長沙來京，旋即出都，有寄

倚京門，對細柳新蒲，恨綠無數。老大年華，漫一身行李，天涯孤旅。便付楚雲湘水，汽笛聲裏情緒。詩思夢外，

煙圈畫裏，個人心路。　　前度良辰記否？但鷗鷺、又遠刁江寒浦。容易説法，雞鳴那時風雨。原來當真文字，卻誤了、今時吾汝。為誰苦？殘簫送客朝暮。

賀新郎‧與老媽通話

飯可吃過了？便咳聲、安心工作，我都還好。家裏餘糧還管夠，自己多留鈔票。且保重、須防感冒。不要和人生矛盾，論是非、性子先磨掉。成績有，莫驕傲。　　其他我不重強調。但姑娘、誰真情意，上心兒找。照鏡你多看看你，老大已經不小。你同伴、孩兒乖巧。莫道咱家徒四壁，縱婚娶、禮節安能少……先掛了，淨煩惱。

菩薩蠻‧戒台寺

高臺洞悉莊嚴貌，青山太老京華小。不可説因緣，菩提三藐然。　　人天涼熱下，我亦芸芸者。眼底沒來由，白雲連地浮。

浣溪沙‧赴阿妹婚禮歸後，聽阿母夜話二首

陪酒簪花照片存，框含憂樂共晨昏。匆匆便送掌中珍。一對新人才燕爾，一些故事入魚紋。夜深深了乍回神。

夜雨彈珠打屋簷，哪如割愛出心尖。自家滴瀝自喃喃。
四口餘糧今太剩，廿年往事漸回甘。火塘不寐到更三。

花犯·北漂三周年整，時方流寓健翔橋西

雨簾疏，空階點滴，無端濕懷抱。夜闌圍悄。聽市井繁
華，都陷泥淖。可憐身在泥中老。浮漚真了了。憑始料、阻
風時節，韶光牽蔓草。　　綿綿一縱便三年，人間笑博得，
詩囊中飽。籬下寄，還分付、詩情多少？周旋著、舊吾新我，
遮莫是、酸鹹殊嗜好。怕夢裏、送春歸去，春渾不覺曉。

乙未（2015 年）

徵招·乙未清明前七日，火車兩度過開封，有懷往事，兼寄河南大學朱戰威兄

快車騁向夷門過，青楊送迎如拜。側目望城頭，隔多年
薄靄。記得春歸路，但曾嘯、古吹臺外。此後年年，汴河干
柳，為誰張蓋？
第一怕清明，思量是、東京歲華都改。算畫筆重題，沒
文瀾字海。想來心不死，料唯有，杏花能耐。倚窗下，似訴

我儂，倩石盟長待。

琵琶仙·雨中過洛陽白園

雨洗香山，可憐見、活活三分春水。溪徑搖盪花聲，漫添了唐味。亭榭穩、鶯鶯不到，恨唯有、樂天長睡。鈴自招魂，歌如解恨，端合飛淚。　　正伊闕、嗚咽春波，況難斷、垂條系情思。仿佛永豐坊柳，歎青青誰是？留不住、櫻桃樊素，甚小蠻、也唱憔悴。讀罷滄海來碑，亂雲紛起。

南浦·蒲公英

柔團淒緊，恁嬌枝、翼翼怕風生。說盡一春軟語，曾動幾人情？叵耐心頭眼底，顫離程、柳暗乍花明。恨長飆都把，片時歡戚，分解作飄萍。　　種種蘭因絮果，費安排、到底在冥冥。莫問雲車風馬，何處抵飛騰？若向天涯穩住，算人間、此去不虛行。只兒家情味，青春吹斷夢零星。

踏莎行·桃花

准愛春天，准能聯想，准從生命中張望。年年開不過茶蘼，年年豔殺茶蘼上。　　如果沉淪，如果遺忘，你應笑對情人講：曾經恩怨那唇痕，吻過大地皆原諒。

菩薩蠻·雨夕過望京，與范治斌老師、柳謙兄二首

機聲市影綿延濕，天教風雨成今夕。哪認古長安，且來尋片歡。　　酒潮紅果果，驀地周旋我。獨醒失機心，有人傷陸沉。

畫圖難省魂來去，萬街浮夢霓無主。花傘為誰開，春歸舊月臺。　　情懷愁不掃，鬱鬱車前草。還看默笙簫，替人忙素描。

浪淘沙

第一酒之徒，第二情奴，攜簫招飲小紅初。桂北宣南都睡裏，便是江湖。　　慧業只如如，往事糊塗，一杯情味冷芙蕖。換取相思紅到骨，白了頭顱。

百字令

鈞天歌吹，繞昏燈街角，到愁來處。曲罷善才零落久，月冷那人知否？峽雨巫雲，曇花槐夢，到底難留住。杜郎俊賞，年華如此都誤。　　最狠心是琵琶，比紅兒老，弦子絲絲苦。自斷沅湘消息後，還立中宵風露。涉水芙蓉，隔城煙火，容易損朝暮。一聲聲喚，一聲聲喚裏楚。

霓裳中序第一・懷柔白樺谷題刻字樹

蒼靈出翠谷，一拱煙霞標薊北。管領燕雲十六。有山鬼長吟，女蘿相續。登臨拭目，歎幾盤、畿輔棋局。都輸與、滿林白樺，一概古蕉鹿。　　憂鬱，我生無福。老此地、銷魂一哭。思他公子似玉。月晚何人，受得幽獨？草堂悲萬木。任字字、傷心刻錄。風過也，創痕輕撫，換了太平曲。

湘月・夜遊雁樓湖

何方神聖，把瑤池倒入，夜光杯裏。搖盪波心三萬丈，一霎魚龍掀起。京闕遙燈，瓊樓素月，仿佛歸湖底。追螢尋路，水晶宮上遊戲。　　置身星宇茫茫，扁舟一葉，我亦微離子。何況人間成逆旅，粉飾浮華而已。如夢家山，雁樓於此，一樣鷫鸘地。但憐今夕，賦他千頃詩意。

南浦・遊浣花溪，憐江介之木芙蓉，用玉田韻

花莫老成都！老成都，錦水偷添秋曉。恰受野航歸，煙波外、紅蕚粉痕誰掃？搴兮木末，杜鵑啼恨芳菲小。沾臆多情都化血，零遍江花江草。　　蜀中一再流連，是思卿，還是長安倦了？不獨為紅顏，傷心是，萬里橋西初到。愁予渺渺。故鄉無此秋容悄。只怕江頭憔悴也，卿見更憐多少？

三姝媚·錦里

鐘鳴懷鼎食。打街頭風簾，酒旗如織。池館春深，有桃花飛井，燕雛棲宅。巷陌聲聲，應道是、杜鵑消息。馬上西川，歌管似潮，為誰來急？　　封我青羊詞客，踏橙葉秋風，漫追陳跡。次第樓頭，正擦肩人過，各成今昔。石板無情，偏換作、興亡堆積。不盡黃昏商女，傷心故國。

浣溪沙·讀《葉衍蘭集》

歲歲深情唱懊儂，少年綺語記朦朧。而今身世老雕蟲。筆到禿頭還戀墨，花知薄命苦矜紅。誤人真個色成空。

如此江山·登山海關老龍頭

雄關猛志應常在，風流不信消歇。故壘潮回，樓船電掣，日月雙丸齊躍。秦磚漢堞。想萬馬難窺，萬夫難越。但哭蓬萊，百年掀作昆明劫。　　曾來多少國子，賦憂愁孤憤，紛許人傑。替鳥銜枝，聞雞擊楫，剩把頭顱拼卻。龍頭脊骨。問築就金甌，此間何物？山舞刑天，海流黃帝血。

廣北牧集編年楹聯詩鐘選

丁亥（2007 年）秋，集曹操、屈原、蘇軾、毛澤東句

烏鵲南飛，帝子降兮北渚；
大江東去，紅旗漫捲西風。

庚寅（2010 年）春集句聯（上聯袁昶評沈曾植李慈銘詩句，下聯王世鼐《笛怨辭》句）

誰是南能誰北秀；
半為蒼生半美人。

辛卯（2011 年）秋，題陶然亭公園高君宇、石評梅墓

馬列書真飽汝腹，應難違烈士丹衷，有二三子在，先爭黎庶赴湯，生尤其偉；
梁祝曲豈如儂詩，更莫笑美人黃土，自八十年來，得與英雄同穴，死亦何哀。

辛卯（2011 年）秋，北漂題記

北漂書劍學無成，總是誤人風月，惱人鶯花，難搭西子兩肩膀；
南望王孫歸不得，縱然榨我成詩，拋我作淚，仍剩東坡一肚皮。

辛卯（2011 年）秋，過地鐵宣武門站電梯，酒後摔傷處

梯可載人，亦可損人，若使位卑者思進，位高者思慎，則險夷悉歸度勢；
酒能助興，更能敗興，當於眾醉前克醒，眾躁前克靜，其臧否全在審時。

壬辰（2012 年）春，京華途中贈張其鵬先生

君為公僕，我為詩僕，倘對義之帖、懷仁碑、海岳剳、孟津章，俯首共稱書僕；
昔聚商都，今聚京都，還思半世緣、三生夢、一曲歌、數瓢酒，醉心難負故都。

壬辰（2012 年）春，二十四歲生日詩聯

薄幸名成，煩愁莫惹茶花女；
平生財富，理想多虧柏拉圖。

壬辰（2012 年）春，題釣魚島爭端

孤島必爭，寸疆寧讓白居易？
萬方多難，舉國猶憐蒼井空。

壬辰（2012 年）春，孝感黃先生摔傷後網上索句，贈聯二比

一

念天地之悠悠，季子平安否；
恨明月何皎皎，梁王安在哉。

二

浮生夢寐多，算尋常墜馬，偶爾懷沙，何須賈誼一垂涕；
網事糊塗甚，殆難免柴愚，或幹師辟，要待曾參三省身。

壬辰（2012 年）春，贈大學舍友梁家赫兄聯

法學院讀四年，文學院宿四年，能將筆墨歸遊戲，此何人哉？對床有梁甫；
桂於豫豈千里，京於豫亦千里，竟以心肝論弟昆，我非白也，滿室笑韋編。

壬辰（2012 年）夏，北漂一周年

其奈憤青，上班早早回龍觀；
哪堪摸黑，歸宿年年望鳥巢。

壬辰（2012 年）秋，題杭州建德市大慈岩鎮雙泉村諸葛宗祠

何妨神魄駐雙泉，風月招魂，猶聽簫尺八；
畢竟人心思一統，山河翹首，不見鼎分三。

壬辰（2012 年）秋，集漢樂府《江南採蓮曲》句及陶淵明《歸園田居》詩句

魚戲蓮葉北；
雞鳴桑樹顛。

壬辰（2012 年）秋，集龔自珍詞《鵲踏枝》句及《定風波》句

偏是無情偏解舞；
不能雄武不風流。

壬辰（2012年）秋，集納蘭性德詞《南鄉子》句及《浣溪沙》句

卿自早醒儂自夢；

錦樣年華水樣流。

壬辰（2012年）秋，題莊子祠

蝴蝶家鄉，蒙莊如故；

鯤鵬居處，桑海全新。

壬辰（2012年）秋，題呂祖閣聯

功名在杯盞，自學道歸來，劍心俱冷，塵夢都拋，只留些況味與人，權謀長醉；

風采列仙班，便通天去後，江海橫流，煙雲亂卷，空藺得浮生慰我，分付解嘲。

甲午（2014年）春聯

得天獨厚詩，水調山歌臨桂派；

以夢為神馬，星光大道進京人。

甲午（2014年）冬自嘲聯句

造像常窺楊大眼；

追星不復許三多。

乙未（2015年）春，爲鄒城二中題聯

直攀岱嶽三千仞；
來撫嶧陽廿五弦。

乙未（2015年）夏，題宏文館

可歎是年光，亦幻亦真，陸離塵事歸流水；
所憐何物態？一枝一蔓，參雜詩心欲上樓。

乙未（2015年）夏，集白居易詩句

太液芙蓉未央柳；
石階桂柱竹編牆。

乙未（2015年）秋，題范治斌先生畫展聯

何嘗落素非真我；
不信持恒是誤人。

以下乙未（2015年）詩鐘作品

詠手機、茶

兩耳靈通千里外；
一杯心淡五更時。

詠筆、梅花

管城子無食肉相；

林孤山有暗香妻。

詠導彈，針

沖之未必迫風到；
白也曾經磨杵成。

詠奶瓶、帽子

維他命有容乃大；
此物色無綠為佳。

詠中南海、西北風

帝子長洲天下館；
吾廬獨破爾曹來。

詠紅燒肉、絲襪

毛氏熟諳蘇子味；
宓妃留詠魏王才。

詠松下，LV

四島竟生君子器；
一囊足括美人心。

詠數學，wifi

算計到頭終有盡；
求知入手在無形。

詠五一勞動節，二八鄰家女

不素餐兮不素食；
一分春思一分愁。

劉能英詩詞曲選

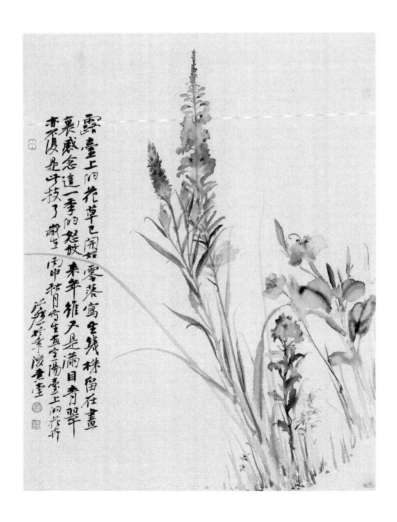

劉能英

作者簡介：

　　劉能英，筆名家住長安，武漢新洲人，現供職於中國作協詩刊社。中國作協會員、中國國土資源作家協會駐會簽約作家，魯迅文學院第二十二屆中青年作家高級研討班學員。國家註冊土地拍賣師、土地評估師、土地登記師。詩詞世界講師。獲 2014 年度"子曰"青年詩人獎，首屆孟浩然田園詩歌獎，第二屆劉伯溫詩歌獎，首屆王昭君詩歌大賽一等獎，駱賓王詩詞大賽二等獎，首屆東坡情詩歌大賽二等獎。有楹聯作品選刻于武昌首義碑林。著有詩詞選集《長安行》。

訪友不遇

夏日朱門帶雨敲，主人不在對花聊。
天晴未有歸來意，塊壘還須借酒澆。

丙申夏日感懷

綠鎖窗深日出遲，莫名心緒亂成絲。
白天當作夜來睡，惡夢多從醒後知。
半世追求終未得，滿身傷痛不能醫。
海棠簾外真如我，開謝謝開開謝癡。

聽雨有感

昨宵急雨到更三，地不可容天不慚。
逼我降龍十八掌，推雲直向海之南。

菩薩蠻·雙休記事之一

三年時日真容易，雙休每困蝸居裏。手倦一拋書，牧心團結湖。　因何輕駐足，閑看鴛鴦浴。風雨兩凋傷，槐花鋪地黃。

菩薩蠻・雙休記事之二

五更誰是催耘者，合租房內鈴聲也。午後抱書眠，暫逃塵世間。　夢中春水漫，睡起挑簾看。日下夕陽來，扶桑三度開。

詠荷兼寄新洲災區軍民

洪流一自破堤來，澤國淹村事事哀。
卻看滿塘紅菡萏，拳頭高舉抗天災。

卜算子・雨夜有作

新發綠蘿青，新孕扶桑弱。都向書齋几案移，勿使風塵虐。
移罷掩門窗，豆雨追人落。怕得雷聲惡意驚，一夜燈開著。

八聲甘州・與亡母大人書

自梨園別後不曾閑，無暇報平安。至丙申春暮，人間地下，已隔三年。擬說蓬門悲喜，提筆卻忘言。回首壬辰痛，只剩心酸。　念及生前遺願，盼獨孫添子，一夢難圓。幸風停雨歇，總算見晴天。看欣欣、中庭榴樹，滿枝頭、倒掛果千千。今來信，勸紅塵事，莫再相牽。

與"青春回眸"諸詩友謁炎帝陵

人來福地心懷感，雨到祭時天忽晴。
莫問百年何處去，同行都是此根生。

臨江仙·丙申初夏即景

　　水面波心鱗一閃，雷聲響徹青蒼，烏雲壓頂日昏黃。
雨淫風好色，撩我薄裙揚。　　失我矜持添我恨，路邊偷
補殘妝。人生何必自神傷。眼前陰影暗，背後有陽光。

臨江仙·無名花

　　記得丙申春去後，友人遺我盆栽，一株羞著兩三胎。
未知名與目，百度萬般猜。　　半夏天幹風又燥，怕它沾
染塵埃，為它雙手小心揩，苞含多少恨？不肯對餘開。

丙申暮春送徐福寶夜宿途中

夜色零花雨，遊絲挽客袍。長街人欲盡，小坐麥當勞。
倦意合雙眼，昏燈照二毛。咖啡潛入肚，復聽語陶陶。

江南逢大龍、小板

不雨不晴天，金華祖廟前。紛紛多事日，陪我拜黃仙。

浣溪沙·湯顯祖文化節

歲在丙申三月三，雙溪十里柳煙含，詩文未卜意先占。
但見巡遊人浩浩，時聞吳越語尖尖，湯公曲藝各評談。

浣溪沙·遂昌南尖岩紀遊

有負春光我不甘，相從杖履浙西南，遂昌風物險中探。
仙霧騰時山隱跡，飛泉落處響沉潭，直教天意與誰參。

菩薩蠻·偶感

　　市聲擾擾繁商鋪，行人役役皆辛苦。我亦沒其中，茫
茫誰與同。　　生年奔半百，有髮可堪白。自得也成歡，
任他春日殘。

丙申清明祭母（一）

我娘遺骨在荒丘，每到清明不勝愁。
天放重雲隔山水，囊無些子藉車舟。
遙思故塚春衣冷，回望長安夜色稠。
只等行人悉散去，路邊燒紙作錢郵。

丙申清明祭母（二）

誰勸化工查一查，世間生死事多差。
前年五月人歸土，一樣深埋草卻芽。

水調歌頭·桃花源記續集

夢遇晉元亮，勸我覓桃源。武陵攻略完畢，解纜即行船。沿著先賢腳步，來到溪流深處，依舊洞門關。叩問有人否，如有聽餘言：世間事，今已過，兩千年。怡然自樂，凡是耕者有其田。既免重重稅賦，更給層層貼補，朝野兩相安。值此共和歲，何不早回遷。

丙申春分

東風日日背西窗，一片愁心我欲降。
對月莫嗟春已半，回頭應見影成雙。

與諸詩友京華一聚分韻得"家"字
其一
春來春去莫須嗟，來去無非疊歲華。
屈宋習完研李杜，荼蘼謝了種枇杷。
十年詩賦真堪憶，半紙功名未敢奢。
但得夜深杯酒盡，看人微醉各回家。

其二

飄零緣底事，僥倖坐高衙。
春殿風流韻，瓊林蝶戀花。
長安居不易，小立思無涯。
何日詩壇上，縱橫成一家。

玉樓春‧春日偶感

一年又是春時候，簾外紅桃扶綠柳。
窺窗喜鵲帶歡聲，臥榻離人傷病酒。
慵妝待整驚回首，衰面又添三道皺。
漫將無奈賦成詩，免得無聊煎了壽。

浣溪沙‧記夢

昨夜眠遲夢卻酣，夢中人在冀之南，踏青得句二三三。
柳線垂時舒萬綠，桃花開處隱孤庵，閑尼邀我作清談。

題圖詩因步丁公韻

誰攝江南一段春，桃紅柳綠各爭新。
漫將山色沉湖水，卻動波光滌世塵。
賓主不堪詩酒醉，鴛鴦猶自往來頻。
此時如有錢千萬，買斷餘生比作鄰。

題圖詩二首

柳絲垂綠蔽春山，卻送鴛鴦兩兩還，
羞得桃花紅欲破，教人恣意捲簾看。
豔豔桃花映碧池，牽愁拽恨柳垂絲，
一年好景春將盡，戲水鴛鴦哪得知。

乙未歲末懷亡弟

誰送中天月一輪，清輝皎皎影彬彬。
無端勾起傷心筆，雙淚還流舉水濱。
當我為卿詩百首，知卿別我已三春。
算來應作黃泉主，轉念紅塵赴死人。

寄友

多謝年來獨我尊，交情到此賴詩存。
臨行故作尋常別，未及回頭淚已奔。

遊官廳水庫緬懷毛澤東

此地曾傳一首歌，戰爭不絕水災多。
自從高壩官廳築，無定河成永定河。

晨起

日頭催我速開窗，湖面冰封大雁翔。
愛此官廳新濕地，留連不肯到衡陽。

遊官廳水庫

穿霾破霧出燕京，及至居庸始見晴。
更喜官廳為迎我，環湖雀起太平聲。

乙未冬夜宿官廳鎮

昨宵何事又無眠，辜負名山與大川。
逝水聲聲銷永夜，傷心只有月相憐。

減字木蘭花‧回京途中見蘆花忽憶少年舊事

那年秋月，十里蘆花飛似雪。飛上林梢，飛上林梢落下橋。
有人橋下，未覺風波多可怕。偷渡青春，偷渡青春野水濱。

臨江仙‧北漂箚記之一

芍藥枝頭花爛熳，霓虹燈下人孤。夜深回到小窩居。
縱橫三尺地，零亂一床書。　　剩飯殘湯何足道，得閒再
買鮮蔬。夢中忽念武昌魚。白雲來又去，黃鶴有還無。

北漂箚記之二

路網連環環復環，紅燈囑我小心穿。
一冬看盡前門雪，半夏消殘後海煙。
但覺囊空嫌米貴，每因床窄抱書眠。
可憐二載三更夢，不到長江漢水邊。

菩薩蠻·北漂箚記之三

　一年容易秋風起，欄杆十二無人倚。落日下西山，雁
銜新月還。　　擬將紅葉畫，片片歸心掛。誰與問琴聲，
夜深空自鳴。

憶秦娥·北漂箚記之四

　江南曲，曲中又聽風鳴竹。風鳴竹。蘋花漸老，桂花
將熟。　　殘蕖紅舉蜻蜓綠，枯荷葉護鴛鴦宿。鴛鴦宿，
由他秋近，任他霜覆。

北漂箚記之五　乙未雜感

夜宿高樓夢武昌，京津月色入蘭房。
殷勤勸我歸家早，免得西風透骨涼。

北漂箚記之六

亂雪飛花撲地寒，楓林羞見葉流丹。
琉璃世界何愁客，忐忑心情夜擺攤。
租戶無爐可供暖，剩湯借酒好加餐。
一冬虛臥三春夢，哪得詞如李易安。

北漂箚記之七

近事支離懶作詩，一宵多夢醒來遲。
五更雪影藏何處，日下樓前哪得知。

北漂箚記之八

昨於深夜讀清詩，讀至遷居不自持。
起看租期年月日，欲知還剩幾多時。

北漂箚記之九

並非日日是霾天，寒月流恩到屋前。
憶昔隔城催早起，只今抱枕卻無眠。
思來多少卑微事，題作兩行山水聯。
唯願新年翻舊頁，清風一掃上林煙。

卜算子‧北漂箚記之十

暮色合窗紗，寒氣侵樓閣。獨坐三更苦作詩，詩寄雲中鶴。
才臥又天明，起赴東城約。街上疏疏八九人，雪在無聲落。

遊八大處

皇城古廟幾時新，白日寒鐘欲度人。
忽地手機鈴響起，猶存一念系紅塵。

菩薩蠻‧記夢

　　涼飆寒肆風雲退，郊原城郭天花墜。誰與雪中游，與
誰雙白頭。　　醒時知是夢，仍覺錐心痛。簾外月團團，
照人不得眠。

返京兼寄友人

昨日京城大雪飛，綠枝紅葉一時肥。
不辭千里來相看，看得癡人帶淚歸。

乙未秋日偶成

聞道郊原柿滿枝，飛車直向五環馳。
果真尋得桃源境，只種青蔬不賦詩。

乙未雜感兼寄亡弟

鎮日紅箋小字題，任它明月又沉西。
五更籬下風將止，百里灘頭路轉迷。
歲近年關何攘攘，雪凋霜樹色淒淒。
知卿念我無窮夜，痛到心尖不敢啼。

偶感

梧桐葉上起秋聲，擾我中宵夢不成。
便與嬋娟相對望，各懷心事到天明。

畫堂春·秋日偶成

　　西風陣陣逼秋來，梧桐葉掃臺階。雲邊雁字一排排，
都向南差。　　雖也魂牽江漢，奈何身困天街，幾時高鐵
我能開，遂盡人懷。

乙未中秋雜感之一

午夢醒時日色昏，慵裝不整拭啼痕。
誰教亡弟攜亡母，來看侄兒添侄孫。
應是遮天雲已散，自當望月酒重溫。
故鄉雖隔千山外，兩處何妨一舉樽。

乙未中秋雜感之二

節近中秋寒氣生，莫名煙霧籠行程。
奔波百里還千里，輾轉三更到五更。
何處飄來桂花雨，夢中濕了杜鵑聲。
西風著意橫吹葉，一夜啼烏樓復驚。

臨江仙・白楊

　　一幹如人擎四野，誰教魂系天涯，誰教傲骨瘦成丫。抽枝皆向上，投影不曾斜。　　縱使西風吹我甚，亦當抖落塵沙，亦當翻葉勝於花。蕭蕭深夜裏，寂寂聽胡笳。

臨江仙・雁

　　萬郭千村飛暮雪，孤身老翅盤桓，皇都燈火夜闌珊。幾番尋覓後，暫得一枝眠。　　莫勸衡陽無限好，也知前路彎彎，也知高處不勝寒。我心今已決，我意在長安。

題畫詩

依欄傍水看波瀾，天自蒼蒼影自單。
一夜秋聲無限恨，爾心吹落我心寒。

登鸛雀樓

高秋絕頂看河流，萬古奔騰到海休。

三晉人潮歸永濟，千重稻浪滾平疇。
紅塵白日無須管，碧水銀魚自在遊。
欲取中華新氣象，年年來此一登樓。

明月

誰懸玉鏡中天皎，相看京城花事了。
槐影香分芍藥居，池荷被蓋鴛鴦鳥。
高標終是絕塵寰，清露不惟恩樹杪。
試問君心一舉杯，登樓我意知多少。

臨江仙‧侄兒訂婚

　　一陣藕花風乍起，徐徐吹過江濱，終傳佳信到劉門，題詩尋喜句，家祭囑亡魂。　　百世良緣今已定，蔭他早日完婚。蔭他生子又生孫。蔭他行厚德，大愛報深恩。

五月二十日偶感

高天清影月徘徊，小院低牆栀子開。
長在首都鮮有賦，近因多難怯登臺。
故園煙樹杯中祭，佳節人情夢裏猜。
行止不如梁上燕，一年一度一回來。

南歌子·祝賀學員莫文同題詩賽獲第一名

海上雲初直，江中日正妍，是誰此刻占峰巔，揮手蟾宮折桂笑談間。　　莫問成功後，須知動筆前，聖賢詩賦誦千篇，情到真時自會湧如泉。

乙未年初夏寄友

台閣又圍楊柳色，邢城近事可知情？
年欺歲損人煎壽，水遠山長雁斷聲。
未許芝蘭偷笑我，每將松鶴夢成卿。
雲遊萬里歸來日，不得時機不得迎。

題最美地質隊員何高文

繁霜染鬢笑何工，一片冰心與雪同。
數次揚帆深海裏，幾回側帽大洋中。

淩煙閣上功名載，卷地風前人物雄。
勸取書生多愛惜，天涯猶得望歸鴻。

臨江仙　題最美地質隊員淩雲

地震時移無定處，幾回絕地奔跑，幾回扭背與傷腰。幾回燈影下，挑戰到通宵。　　也有妻兒兼父母，也曾思念難熬，不曾放棄不曾拋。沙丘風借力，峰頂樹新高。

乙未年春日與曾傳軍、劉運鋒相約"那間"咖啡屋

月上東窗夜上妝，槐花欲共柳花揚。
那間迎客茶杯舉，此後開心果味嘗。
對面聊詩言耿耿，為君提筆意茫茫。
浮生若得重逢日，定約長安醉一場。

南歌子‧乙未年春日與曾傳軍、劉運鋒相約那間咖啡屋

春雨肥千葉，春花剩一枝。春風吹過那間時，誰在談天談地又談詩。　　相識何須久，相逢莫恨遲，相交難得是相知。從此互尊互敬互為師。

臨江仙

昨夜高朋滿座，陳年老酒平觴。有人閒侃有人忙。有人微信裏，分享仔雞湯。　　主席睦鄰政委，話題不外招商。陽邏畢竟是家鄉。一番評價後，新港最優良。

注：昨晚新洲政協雷主席一行來北京，方政委一行陪同接待，席間談到投資陽邏新港，有感而填詞一首以記其事。

減蘭·題程國平研製的山峽雲霧茶

砂壺在手，邊品邊嘗邊噴口。其味何如？其色澄明其質濡。
若知其故，山峽常年雲籠霧。因甚成名？因得機緣遇國平。

臨江仙·懷亡弟

　　密柳疏楊拋黍米，暖風一過勻開，暖風一過綠陰來。廊橋穿
乳燕，桃李粉新階。　　願得親親同草木，年年相伴春回，年年
相伴聽驚雷。果能如我意，不惜散吾財。

西江月·乙未清明祭母

樹上枯枝已剪，墳頭野草新除，我來燒紙又燒書。祭奠生前辛苦。
一碗瓜湯度日，兩間茅屋窩居，黃泉亦不得閒餘。又在蔭兒佑女。

寄贈詩詞培訓班第一期學員

吳語彎彎粵語蠻，輕鬆已過四聲關。
滿池菡萏才經雨，幾隻蜻蜓欲下山。
網上學詩多有得，群中交友密無間。
他年雲路來相聚，記取長安第一班。

代朋友作

一自入城忙事業，休閒與我不相干。
十年數字傷人眼，半夜驚魂對帳單。
情注三江同舉水，願生百計為安瀾。
別來若問新消息，霜雪邀從鬢上看。

乙未清明謁黃庭堅墓

只道詩書四海傳，不知何處識庭堅。
九江船影歸修水，萬里人潮仰聖賢。
今我來遊千載後，為公憑弔一碑前。
願沾幾點才和氣，大寫天朝快意篇。

水調歌頭‧兩地書之渭河@漢江

　　秦嶺一為別，各自去匆匆。不知兄弟消息，飛信系征鴻。日
夜吾行黃土，春夏吾澆禾黍。荒歲得年豐。萬古複千古，吾愛遺
關中。　　太公峪，兵馬俑，大明宮。浮光換晝，懷人今又夢成
空。起看長安皓月，起看終南積雪，期與漢江逢。立此灞橋柳，
翹首渭河恭。

水調歌頭・兩地書之漢江@渭河

多謝渭河水，來信念余蹤。那時揮手成別，帆掛陝西風。一路穿巴過豫。直向丹江口去，百折亦流東。春雨半篙足，梅岸夾桃紅。　　天淡淡，雲嬝嬝，柳重重。懷人滋味，幾回清夢與君同。待到京津安好，待到桑麻事了，稽首以朝宗。願共終南老，醉臥菊花叢。

水調歌頭・秦嶺

何物立何地，且挺且綿延。渭河漢水分脊，兩去兩無還。澤潤高坡黃土，茂盛平原碧樹，經歲不知年。回望雪山頂，山頂雪如煙。　　度方步，搜好句，賦長篇。五更忽聽，晨鳥朝我大聲喧：若得中華真諦，試向終南尋起，一脈耿相傳。亙古橫秦嶺，涵雨育晴天。

乙未年正月懷亡母

雪壓殘枝葉落池，夕陽垂地柳垂絲。
每當燕月臨華屋，卻向柴門憶舊時。
夢醒平添千種恨，淚乾空剩兩行詩。
東風未歇西風起，一樹纖條不自持。

乙未上元紀事之一

昨日寒雲不住圍，誤人天際望鴻飛。
回頭已是新年過，對酒當期舊燕歸。
禿筆題詩才又盡，蓬門待雪事相違。
月宮仙子遙憐我，長袖拋來一地輝。

乙未上元紀事之二

更闌夢醒曉風微，戴月辭門負米歸。
莫道長安居不易，樓高日近好分輝。

搬家有感

朝南小屋帶陽臺，瑤草琪花任我栽。
雨打香蓮何必恨，雪飛靈感自然來。
微微笑處題燕月，曲曲吟時動國槐。
感謝天宮諸主席，肯持重幣雇疏才。

畫堂春‧訪陸績故里

長安飲散踏輕雲，一川煙景繽紛，林花不語水殷勤，直指前村。
事去千年已寂，人來萬里猶詢，少兒何故動梁塵？懷橘遺親。

> 注：《懷桔遺親》是二十四孝之一，寫後漢六歲的陸績的孝順故事。陸
> 績隨父在九江見袁術，袁術用桔子款待。陸績將兩個桔子放在懷
> 中，拜謝告辭之時，桔子落地。袁術嘲笑客人為何將桔子帶走，陸
> 績說母親喜歡吃，準備帶回給母親吃，袁術對陸績（的孝心）“大
> 奇之”。

駱駝

風吹沙阻雪欺眸，載月馱雲哪得休。
但使人間無野漠，免誰行役解誰愁。

京城別友其一

那年漂泊事難陳，花自婷婷柳自珍。
薄命疏才無處寄，大都終日有誰親。
一聲前輩風流韻，兩載深交雪淨塵。
檢點行囊何物重，唯詩可贈別離人。

京城別友其二

此緣此份幾時修，漢語秦腔共一樓。
綠水盈枝春去後，青桑吐葉老來休。
萬家都在迎新歲，獨我無言憶舊遊。
漠漠長安街上柳，而今也不管離愁。

靖州楊梅

木洞煙深白日追，芳郊秀陌響驚雷。
碧綠重重新枝展，烏紅粒粒喜雨催。
果實堆盤情不已，酸甜入酒味堪回。
如來未作千杯飲，辜負神州第一梅。

秋　聲

光寒影瘦荻鳴山，落葉飛花澗水潺。
夜半疏疏窗打雨，蕉心滴破淚痕斑。

蝶戀花‧游懷柔水長城

　　獨立牆頭風景看，水沒長城，水沒長城斷。遙想當年姜女怨，
如何淚盡山湖滿。　　一派秋聲紅葉亂，猶有黃花，猶有黃花綻。
極目皇宮都不見，游雲時聚還時散。

春梅贊兼寄劉政委夫人

隔牆紅粉幾時栽，俊格孤標鬥國槐。
曲水斜橋疏影動，輕煙細雨美人來。
傲同蘭竹三冬立，豔與桃梨一處開。
春駐劉園花戀主，幽香日夜繞樓臺。

甲午深圳遊

難得長安幾日休，鵬城約我海邊遊。
全家四口來三地，半月雙灣夾一洲。
青鳥白雲花綴樹，銀沙雪浪夜燃篝。
看人親子何其樂，不覺忘懷心上秋。

甲午雜感

獨上層樓倚護欄，未銷倭患豈居安。
前番甲午雲煙蕩，我輩炎黃氣血湍。
雨洗神州開曙色，風搖勁柳解征鞍。
波翻浪疊何曾懼，抽劍防空又禦瀾。

茶品中秋

節近中秋日上巔，長安事畢訪茶賢。
舟行山峽穿雲霧，茗品皇家憶馬蓮。
綠葉衝開江水碧，烏龍斟滿月兒圓。
一城燈火闌珊夜，相看嬋娟兩不眠。

贈李勇詩集付梓

水流花落月徘徊，手捧君書畫境開。
冰雪盈胸涵氣概，煙雲過眼縱詩才。
雅聲一曲江梅引，高閣三秋塞雁來。
何事隨風千萬里，只因愛上古琴台。

天香　下班途中

舞地招螢，歌廳駐雁，鳳闕流連雲步。玉壁松窗，蘭塘竹苑，一任西風秋雨。碧桐無語。君不見、錦城深處，多少香車塞斷，漁樵晚來歸路。　　偷閒夢回租戶。十平方、尚安妻女。奔走早攤夜市，幾曾言苦。惟願今宵莫堵。趁佳節、團圓父和母。米酒頻添，柴雞慢煮。

暮登泰山

車行盤路響名泉，孕秀儲精色正鮮。
綠樹棲鴉鳴谷底，青雲送我上山巔。
鄉心一片懸崖外，雁語三聲落日前。
目斷家園何處景，江城帶火起新煙。

新鐵人李新民之一

曾經帶隊赴蘇丹，萬里風煙細雨寒。
鑽井有年思報國，還鄉無計且憑欄。
未分汗水和泥水，哪顧饑餐與飽餐。
每立鑽臺擎日月，儼然大慶一旗杆。

新鐵人李新民之二

遠赴蘇丹近駐屯，淚辭雛子與娘親。
一杆紅幟荒山外，幾度青春野水濱。
為問油田多故事，只因井隊有新民。
人生價值歸何處，自在心靈自在身。

過秦樓‧西昌望月

　　柳色憑欄，蓼香穿戶，雁叫一聲弦斷。瓊珠緩降，寶鏡遙升，兩地桂花零亂。如此對望千年，天上人間，用情何限。料仙居鳳闕，嫦娥今日，應無幽怨。　　君不見、入市風雷，抱城光電，倏忽繞來銀箭。涼山送酒，熱淚迎賓，舞袖未曾知倦。相勸邛都物豐，前事皆休，故鄉重返。聽西窗夜雨，共話河清海晏。

　　注：西昌是涼山州的州府所在地，古稱邛都。

雨中登祝融峰拈韻再得十一尤

夜宿茶園曉夢收，興懷無限出湘樓。
已知烏　青時葉，待聽新蟬老去喉。
風過天門山雨急，車行盤道我心揪。
祝融峰立蒼茫外，似見仙家似放舟。

甲午初夏隨諸友游南嶽

煙深霧濕雨絲潛，一樹青苔密到尖。
茶苑詩聯吟有味，竹林賓主醉題簽。
紅稀不覺春光遠，綠暗能銷夏日炎。
若識衡山真意氣，三更月下卷朱簾。

雨中登祝融峰拈韻得八庚

難得衡山五尺平，停車不懼斷崖驚。
煙霞嫋嫋千重幻，天柱巍巍一念撐。
風去碧羅峰在望，雨來紫蓋樹猶傾。
泉流應助騷人興，雁影無尋石有聲。

西江月·劉姥姥

一襲青衫昨補，滿頭白髮今盤。布鞋初入大觀園，到處繁華照眼。
生活已然清苦，言辭何必辛酸，總將笑意綻衰顏，算有神仙也羨。

齊天樂·送君南浦（碧山體）

　　送君西口歸南浦，牽腸禦街楊柳。蝶粉輕塗，蛛絲暗結，梅子初黃時候。心傷別酒。看城郭參差，舞臺依舊。曲水盈盈，萬千荷葉孕蓮藕。　　香階桃李並秀，海棠花解語，生死相守。筆盡三江，文傳四海，贏得功名兩就。臨風卻奏：問魯院年年，玉蘭開後。十里芬芳，故人還記否？

挽歌為亡弟作

春雨綿綿兮瑤草生，楊柳依依兮燕離亭。阿姊腸斷兮淚飛頻。花在樹在兮不見卿。丘陵緩緩兮若木青青，溪流淙淙兮夏蟬鳴鳴。阿姊無奈兮北漂京。山在水在兮不見卿。秋雲淡兮秋氣清，秋風涼兮秋月明。阿姊登樓兮望星星，天在地在兮不見卿。天下雪兮地結冰，身發燒兮咳未停。阿姊無眠兮恨難平，父在母在兮不見卿。白髮蒼蒼兮，蹣跚之腳步。黑夜長長兮，寂寞之墳土。斷魂不可招兮，殘年那堪度。夢中不得見兮，見之不得語。阿姊無能兮，惟挽歌以哭汝。

攤破浣溪沙・游大洪山玉龍溫泉歡樂谷

一片晴雲絕壁懸，一行幽徑野藤牽。一路東風引人醉，大洪山。
館所之中千種樂，樓臺以外百般閑，猿鶴相邀追夢到，玉龍泉。

魯院箚記之四

欲借東風日不賒，提神夜飲藥當茶。
光陰流似三江水，落寞形同一地花。
燈下黃蜂穿豆蔻，階前紅袖弄琵琶。
如何琢得瓊瑤句，且向高臺問大家。

新洲清明竹枝詞三首

爹爹今日祭婆婆，絮絮叨叨話一籮。
燭盡香殘鞭也放，紙灰飛滿野山坡。

誰在墳前哭二哥，一時氣絕一時拖。
聲聲數盡平生苦，淚水流成舉水河。

雨濕衣巾路濕鞋，墳前已是百花開。
河將漲水天將暗，還有行人次第來。

魯院箚記之一

晴雲一片晚煙收，月上中天我上樓。
燈耀京華光閃閃，風吹衣袂冷颼颼。
故人書信頻相問，何日詩文早入流。
夜漸深沉星漸落，不堪對景黯回頭。

魯院箚記之二

綠生芳草碧生苔，日照池塘水映臺。
金柳搖風疏漸密，玉蘭迎客落還開。
天將好景良園賜，意欲奇詩妙句裁。
文學館前留一影，教他記得我曾來。

魯院箚記之三游懷柔水長城歸後

一宵無夢亦無思，唯有鼾聲和畫眉。
睜眼疑因天尚早，推窗已是覺來遲。
長城忽憶桃花雪，短信聊傳魯院詩。
不負懷柔風景異，重游應約月明時。

玉樓春・夏邑行

東君又赴龍山約，捎我愁心何處泊。
風從谷底上峰腰，身似閑雲騎野鶴。
梅花未落梨花著，開了連翹開芍藥。
停車此際欲如何？第一登臨長壽閣。

何滿子・紀念甲午戰爭 120 周年

那日烽煙陡起，一時艦炮齊開。欺我晚清年老邁，如狼如虎如豺。黃海波濤血染，北洋將士魂埋。　　多少風雲已換，兩番甲子重來。光耀五星龍掛帥，驅倭驅寇驅霾。唯有中華挺立，能教世界和諧。

滿庭芳·伊犁行

絲路鳴泉，柳林飛絮。小草綠帶泥香。錦屏高鎖，雁影掠池塘。驚動遊魚躍起。空投處，水濺波揚。翻身又，銜花弄蕊，葉底戲鴛鴦。　　何妨。車馬棄，暫停腳步，暫歇仙鄉。看雲杉密佈，瓜果初黃。惠遠樓頭鐘鼓，天山外，古韻悠長。葡萄酒，撩人醉後，夢裏數牛羊。

注：惠遠鐘鼓樓，為伊犁旅遊景點。

水調歌頭·涪城會

次第芰荷舉，風雨聚綿陽。憑欄西望巴蜀，山氣透心涼。忽聽馬蹄飛快，來自垂楊堤外，塵近乃收韁。漢室一何幸，劉備遇劉璋。　　犕車駕，支幔帳，飲壺觴。主賓數萬，歡宴百日共平章。霜薄江天如鏡，夜靜疏星流影。淡月照無常。亂世雲煙散，唯酒溢陳香。

登飛山

天開列嶂地平疇，忽一峰飛至靖州。
風落皇冠三鼎立，花凝玉露五溪流。
焚香禱告祈新福，攜日登臨嘯晚秋。
心與雲齊思接古，清吟不覺醉銀鉤。

甲午年正月聚餐

欲飲清幽幾處尋，胡同狹小石門深。
金樽綠蟻無須勸，玉碗紅茶各自斟。
笑語二三驚警句，提琴一曲共知音。
麗江庭院春來早，亂發新枝動客心。

感皇恩・游桃林鎮賞金銀桂

　　雨後碧空晴，柳傳花信，半日山行馬陵近。一庭風露，兩樹繁英初粉。幾杯東海酒，三更盡。　　入夢素娥，幽懷帶恨，可惜天香廣寒困。不如今夜，攜兔黑龍潭隱。再將芳意贈，桃林鎮。

癸巳秋游桃林鎮

黑龍潭畔馬陵丘，玉液甘泉古井流。
容我提壺來買酒，與君把盞便忘憂。
百年金桂陪銀桂，一路徐州到海州。
日夜花香浮綠蟻，長教主客醉中秋。

節後返京

積雪樓陰不肯融，滿城花柳待春風。
亭台幾座圍新綠，燈火三千照故宮。

淡月初升山海北，輕車直下草橋東。
老公飛信來相問，已住欣園小屋中。

題皇家茗品茶

新年何處去，品茗到皇家。
煮沸三江水，衝開七碗茶。
人生添雅趣，歲月濾浮華。
莫論權和貴，平安即是奢。

鷓鴣天

　　誰個中宵唱鷓鴣，一聲一歎一愁余。眼前人隔天涯遠，雲外信同鬢角疏。　　花已謝，草將枯，春來或可再流蘇。他年縱有重逢日，豈止山遙路亦嶇。

感　懷

兩載三人去不回，眼枯腸斷鬢毛摧。
病中怕聽陽關曲，夜半唯傾濁酒杯。
萬歲千秋江上月，天涯海角路邊梅。
他年俱出塵寰後，能否從教共一堆。

鷓鴣天‧北京生活箚記之十一

地鐵公交走走停，曉煙吹盡晚煙生。未知今夕為何夕，哪計長亭複短亭。　　枝蔓蔓，葉青青，草花依賴日光燈。帝鄉風浪無關我，任是雷驚夢不驚。

步韻和吳四友

思親不覺淚潸然，夜夜除非借酒眠。
墳草於今長兩尺，蓬門別後已三年。
招魂處處悲還痛，入夢時時苦亦甜。
願使椿萱如夢好，青錢百萬謝蒼天。

西江月‧北京生活箚記之十二

燈火延伸郊外，心情堵在途中。萬般無奈數霓虹，數盡繁華千種。就算襟懷北海，那堪葉落西風。不知何去又何從。轉眼青春似夢。

西江月‧北京生活箚記之十三

幾樹青梅結籽，一庭白露為霜。為冰為雪又何妨，日子消磨網上。莫問身安何處，不知心寄何方。夜深唯共影成雙，還共浮塵跌宕。

何滿子‧登華山

鳥跡臨其未遠，人心怯以頻危。攀到頂峰身已累，彎腰吐氣如雷。稍坐玄風小憩，便騰仙霧團團。　　問道誰觀日出，參禪僧去霞飛。馳目八荒銷塊壘。逸思神馬難追。我喊華山萬歲，華山應我千回。

攤破浣溪沙‧北京生活箚記之十四

一段胡同一盞燈，一輪孤月一天星。一葉梧桐一花朵，正飄零。
一介書生才落魄，一條飛信便關情，一路叮嚀陪伴我，禦街行。

攤破浣溪沙‧野趣

為采池邊那朵花，草蟲驚我我驚他。偶見槐陰陡坡下，有西瓜。
解帶拋衣斜過坎，屏聲斂氣倒攀崖。隔岸卻聞村婦喊：小心呀。

清平樂‧北京生活箚記之十五

酸肩痛臂，拎著油和米。難得此時人不擠，地鐵換乘公汽。
一雙倦履匆匆，一輪皓月溶溶。一夜西風有恨，一簾幽夢誰同。

清平樂・北京生活箚記之十六

雙休已慣，獨自無聊看。看得長城多好漢，看得故宮人滿。
香山楓葉流紅，錦箋預約成空。寂寞誰來與共，傷心半夜西風。

霜天曉角

秋風秋雨，並作秋聲賦。只道秋光奇絕，渾不管，秋蟲苦。　空
舞，何處去。秋水寒汀渚。秋夜籬邊未醒，醒也是，霜和露。

一斛珠

不悲不喜，一年一度秋風起。一花一葉從容地，搖落飄飛，
百里還千里。　日帶夕陽之美麗，夜承星月之靈氣。已然悟透
生和死，哪更榮華，哪更名和利。

采桑子

梧桐昨夜風凋葉，你若凝眉，我便傷悲，何必心酸淚也垂。
興衰本是尋常事，待到春歸，想見花飛，又到人間走一回。

過秦樓・秋興

萬里雲寫，萬山紅遍，萬頃碧波初冷。槐分淺韻，桂撲濃香，
各自慢搖清影。連夕曉霧難開，西北寒流，東南霜應。歎飄零一

葉，魂牽何處，楚天荊嶺。　　回首又、半壁詩書，半生勞頓，半數不堪重省。梅花弄曲，玉笛催歸，總在夜深人靜。儂語叮嚀再三，離合隨緣，死生由命。看江灘葦草，白髮風騷獨領。

桃源憶故人　北京生活箚記之十七

都城試把重陽過。一片霧霾難躲，一葉秋風飛墮，淡定枝頭果。利名拋棄中年我。倦了和衣孤臥，醒了臨屏枯坐，詩帖紅如火。

畫堂春・憶弟

那年那月那重陽，無風無雨無霜。有田有地有池塘，還有花香。山水可能記得，我們或許遺忘，曾經一起捉迷藏，直到天光。

洞仙歌　北京生活箚記之十八

五更未到，便匆忙穿戴。今日衣還去年買。草橋東，地鐵開往何方，朝北走，應屬西單一帶。　　塵多風又燥，不似江村，四季無霾也無霧。路上萬千人，偶遇明星，都不是，我之所待。想見那長安夜闌珊，卻恨這交通，堵生無奈。

清平樂・山居

時光跌倒，不許西風笑。放牧山歌人未老，背著夕陽回了。竹籬上演繽紛，黃昏虛掩柴門。偶爾一聲犬吠，忽然生動鄉村。

減字木蘭花・題雪兒松下撫琴調鶴圖

畫圖一角，竹影松聲閑白鶴。冷眼三邊，獨向人前著意觀。木蘭露取，舀去舀來童子趣。老更堪欽，靜養身心坐聽琴。

水龍吟・登北固亭懷辛棄疾

千年前的江山，千年前的風和雨。少年的夢，穿過巷陌，飄過草樹。落在樓頭，輕於煙霧，細於塵土。那一腔熱血，滿懷壯志，浸潤了，英雄弩。　不管此弓開否。但翻成、稼軒詞句。幾分激越，幾分惆悵，唱紅萬戶。報國之心，平戎之策，中興之舉，已隨京口這，名亭北固，鎮江千古。

八聲甘州・癸巳中秋寄懷

一個人獨自客他鄉，怎麼過中秋。摘一輪玉鏡，裝盤月餅，對酌牽牛。或者邀來織女，續一段風流。然後忘情地，一醉方休。天上繁星落盡。我依然還在，借酒銷愁。恨思親時節，相見總無由。這些年，那些舊事，已塵封，才下了眉頭。誰曾想，北漂之後，又要登樓。

瀟湘夜雨・癸巳中秋懷亡弟

　　一葉殘荷，一場秋雨。一條遠道纏綿，一聲孤雁叫江天。那是我、常懷夢境？還是你、難捨人間？誰的淚，流經漢水，淌過長安。　　一杯桂酒，一輪皓月，一紙辛酸。塞進家書裏，寄向黃泉。花謝了、無須哭泣，春到了、還會斑斕。他年後，萍蓬若聚，絮絮説從前。

清平樂・秋思

　　都城小住，試把中秋度。夜半西風吹暗雨，滴破愁心幾許。早知如此傷離，當初不應攻詩。弦斷知音又老，而今後悔嫌遲。

清平樂・懷弟

　　風華正茂，折了人間壽。墳草年年豐又瘦，惟有淚痕依舊。小樓今夜初涼，垂簾抱枕迷香。就算日求一夢，也能相見如常。

清平樂・濰坊行

　　山腰谷底，連苑高樓起。密是商居疏是企，錯落參差有致。隨行採擷風流，飛車直下安丘。寶石晶瑩昌樂，花燈閃亮青州。

　　注：安丘、昌樂、青州為濰坊地名。

清平樂‧寄懷

荷風扇暑，吹老梧桐樹。一葉騎鯨何處去？彩殿華堂繡户。
十年夜雨江湖，幾多壯志難書。今日離天尺五，依然不見仙姝。

卜算子‧七夕

折我一枝梅，寄汝江南雪。回復長安古意濃，片片楓凝血。
遠道每相思。默望玲瓏月。多少詩成未付卿，為待情人節。

秋山漫興

又是梧桐葉半黃，登高豈止覓文章。
橫塘開罷花千朵，曠野飛來雁一行。
烏　賄風狂染色，露螢懷月細流光。
十年詩事成陳跡，我欲歸耕鬢已霜。

鷓鴣天‧寄友

雨潤江城向晚晴，五更零落一天星。鉤簾借月涼生户，落筆
沉思字憶卿。　　槐酒釀，桂風興，指間飛信約幽亭。閒心不懼
庸人擾，且共梅花聽笛聲。

卜算子・祭弟

告汝放寬心，莫再將兒慮。雖未完婚已上班，不日能張羽。
父母淚流乾，依舊渾無語。今到墳前一叩頭，佑我他鄉去。

卜算子・祭弟

先自殞阿婆，而後亡阿弟。長使離人淚不乾，有恨如何寐。
月又照三更，簾動秋風起。一片西飛一片東，花葉慨慨地。

卜算子・祭弟

去歲見還親，今歲成先考。本欲清明再上墳，不願旁人曉。
獨自哭梨園，孤塚風吹草。汝在黃泉我在塵，此恨何時了。

清平樂・祭弟

梨園絕袂，線斷珍珠碎。水去東南江海匯，盡是離人之淚。
臨屏日哭孤魂，不如惜取儂身。來個今生約定，每天念汝三分。

清平樂　習總書記視察陽邏港

江城雨急，誰向潮頭立。驚落梅花聞玉笛。只道來人姓習。
雲霞天際垂虹，芰荷飛蓋迎公，信步雙鞋濕透，安瀾百計從容。

臨江仙‧游蒲縣東嶽廟

東嶽緣何尊古剎，千年壁透靈光，廟花堂草帶春香。禳災祈福地，相約望時康。　一願家和諸事順，二求國富民昌。三生許下蝶雙雙。臨汾真善土，不負四樵煌。

注：蒲縣東嶽廟是山西省非物質文化遺產“四醮朝山”古儀的承載地。

祭弟

冷風吹動竹蕭蕭，落日墳前聽鶴嘹。
夜已來臨燈未亮。天將下雨眼生潮。
千封書信無從寄，百歲椿萱每見凋。
幸發一枝猶可待，三春過後定能搖。

無題

無端老大客京華，忍看銀蟾上碧紗。
有子有夫聚不得，三人三處各思家。

絕句二首

西風一夜不堪尋，吹得黃花落滿襟。
吹得梅花開二度。縱開二度複誰臨。

日影紛紛月影深，來時仗劍去提琴。
百年不棄因由我，斷續能聽弦外音。

卜算子・無題

老本不禁愁，愁更欺人老。簾卷湖風月滿窗，對影清樽倒。
醉後得深眠，夢裏千般好。每欲成仙聽子規，一叫三生惱。

卜算子・偶感

五月太原城，六月臨安府。回首年來半旅中，行遍京津滬。
覓得白雲詩，摘取黃梅句。他日提琴萬里歸，江漢終吾土。

卜算子・無題

就算不相思，就算還生氣，也應將心掛樹梢，等待秋風寄。
何必怨王孫，何必傷儂體，挽起三千煩惱絲，以便修來世。

高陽臺・代易安寄夫

　　金石沉香，彤雲墮影。鎖窗不耐春寒。南渡歸來，繞梁烏雀
無言。小園向晚皆行遍，看枝頭、瘦葉堪憐。聽離歌，月冷羅衾，
淚濕闌干。　　青梅記得纖纖手，把秋千高蹴，薄汗輕彈。琥珀

杯深，醒時空疊陽關。如何一念檀郎見，乘丹霞、羽化成仙。共纏綿，哪懼天涯，漂泊年年。

聽雨有懷

夢醒應是五更時，珠落南簷打北枝。
瀝瀝不知司馬故，瀟瀟還漲謝家池。
琴聲試問梅花訊，草色長傳漢水思。
一樣心情同聽雨，兩懷寂寞共存詩。

華山歸來寄友

生涯有幸嘯蒼穹，雲影溪聲一夢通。
待憶關心多少事，都隨筆墨到詩中。

虞美人·游華清池

湯池倒映千年事，水滑凝脂洗。霓裳舞破剩西風，贏得小名喚作玉芙蓉。　我雖不是天仙女，亦有盈盈處。對花對酒對知音，偶誕一詩寄往月中心。

浣溪沙・登華山

因得提攜敢向前，風光絕處近連天。摘星臺上遇神仙。
幾度騰雲千廓隱，何時賜我一生閑，與君高臥此山巔。

寄懷

纖雲弄日送嘉陰，醉倒花間葉底禽。
兩水盈盈情脈脈，雙星隱隱月沉沉。
三更細雨催春老，一枕新涼育夢深。
隔岸鶯聲誰應和，海棠枉發動愁吟。

八聲甘州・贈劉公拓凡

笑官場鳥事總如煙，作個釣魚仙。任清溪百里，斜風幾度，
露濕衣冠。兩岸嘉禾拜月，側耳聽鳴泉。倘遇孤僧在，或可參禪。
好夢鶯聲喚醒，誤蒼冥鶴下，四十三年。問紅梅消息，華髮改朱
顏。有平交，知君心地與天通，身在大江邊。漫贏得，業歸新港，
家住青山。

菩薩蠻・懷弟

梧桐又發新年葉。薔薇盡日花飛雪。暗綠掩門扉，午風吹夢
回。　　見人床上寐，順口呼阿弟。阿弟並無言，遊絲空自懸。

水調歌頭‧寄亡弟

何必戀人世，不死亦悽愴。別來多少離恨，一一我皆嘗。須信緣由天定，也懂情深易病，無計解心傷。暮色煙和雨，空等燕歸梁。　　畫堂寂，庭院悄，五更涼。泉台有路，幽夢送我到卿旁。試問前生舊事，但説他鄉桑梓，聊以慰枯腸。莫喚愁容醒，乏力整啼妝。

滿江紅‧登鸛雀樓

黛瓦紅楹，層樓在，白雲飛處。登正好，碧空如洗，目窮秦豫。華夏中分簷下影，聲名遠藉唐時句。更東來紫氣入西關，蒲州住。　　楊柳岸，桃花塢。薔薇蔓，風荷舉。又霓虹煥彩，日星神武。折返長河歸大海，卻教永濟承甘露。況優優布政幾番鋪，康莊路。

八聲甘州‧毛澤東

似登臨宇宙瞰人間，豪邁類青蓮。況意遨八極，胸羅萬象，襟抱藏天。豈料神州有恙，鬼魅舞狼煙。寒夜披衣起，指點江山。銳旅雄師如劍，把妖氛電掃，重整川原。得清涼世界，公臥水晶棺。五千年蓬萊舊制，到而今也應啓新元。仙槎泛，激揚文字，管領詩壇。

八聲甘州・癸巳清明謁陳雲故居

每春臨青浦柳如煙，芳草憶征鞍。昔神州處處，荒村廢盡，樓毀鐘殘。激起書生意氣，耿耿又拳拳。碧血研朱墨，義憤雲箋。贏得共和國立，問功臣是否，馬歇南山？答壯懷依舊，裂石響驚弦。為蒼黎謀全福祉，故將軍含笑擁旌眠。魂猶自，在長城外，在大江邊。

南歌子・過寧夏黃河金岸

走馬觀佳景，催人寄壯懷。山川醉倒我登臺。但見黃河萬里破冰來。　　垂柳依金岸，靈濤澤玉階。王亭謝墅巧安排。一任乾坤清氣淨塵埃。

游張店桃園次韻程平

微風不定細分霞，粉徑幽通業主家。
吊古詞工將進酒，招仙笛響忽飛車。
彤雲滿照秋千院，綠水初煎穀雨茶。
若比劉郎歸隱處，自然張店更閑些。

三沙設市感賦

永興島上駐新衙，位接仙居第一家。
草木三千皆有主，瓊波萬里屬中華。

清明祭掃鳳凰烈士陵園

蝶衣片片漫天飛，雨洗豐碑夕照微。
自有溪聲常入耳，何愁山色不盈暉。
香浮梅嶺黃蜂亂，魚戲蓮塘綠鴨肥。
今我來思長揖揖，英魂可與月同歸。

夢聞弟語，因步丁欣韻記之

人世醉來第一春，孤眠不慣紙床新。
九泉梨李花爭發，二月風煙雨絕塵。
但使荒塋喬木壯，休教病眼淚珠頻。
他年嫩綠成陰後，再與高堂作近鄰。

臨江仙·懷弟

　　至愛至親三五百，唯卿不在人間。壬辰冬月下黃泉。孰知泉路好，也應我行先。　　我暫將身留濁世，為卿照顧椿萱，為卿譜寫育兒篇。叮嚀諸事了，來續再生緣。

破陣子・懷弟

昨夜三更細雨，今晨滿地微霜。伴我人間長下淚，勸汝泉台莫望鄉。望鄉亦斷腸。　　何處堪尋蝶影，病中猶作蜂忙。壯志成空悲舊夢，華髮無言對夕陽。唯詩以悼亡。

臨江仙・陪病弟之一

煙鎖屏山空寂寂。西窗不耐寒侵，偏偏日短又長陰。冷風吹凍雨，敲作斷腸吟。　　寬盡帶圍流盡淚，扶危慢囑從今，清明路濕莫登臨。青衫猶可忍，白髮哪勝禁。

臨江仙・陪病弟之二

忍看淒風凋碧樹，傷心欲問蒼天，明春可否報平安？雪花渾不語，無力蕩秋千。　　簾幕低垂爐火暗，床前細說前歡，桑麻叢裏慣偷蓮。笑聲驚夢斷，涕淚濕吟箋。

臨江仙・陪病弟之三

常憶昔時多難日，家貧學業中休。襄樊曾作少年謀。布鞍初上馬，錦鯉寄新洲。　　蓬轉萍飄三十載，淒然一段西遊。荒煙絕域病沉舟，短歌難破恨。長調復添愁。

臨江仙・陪病弟之四

四十一年緣淺，從來手足情濃。問天何忍卷西風。海棠開正好，一夜落花紅。　　世事誰能預料？浮生註定成空。傷心豈止別離中。白頭猶健在，碧葉下梧桐。

卜算子・秋思

無處說閒愁，愁看疏疏鬢。鬢裏青絲日日霜，霜雪添幽恨。
恨又不能書，書也難成信。信到天涯一紙空，空歎秋將盡。

灞橋柳

灞水春來涵紫氣，蜿蜒一百八十里。
萬象崢嶸錦卷開，百川旖旎風不已。
風光到處柳初芽，柳下清流沒淺沙。
野草荒郊才吐綠，河堤岸柳半揚花。
揚花時節遊人賞，長安萬戶幾空巷。
青衫紅袖襯香車，水漾浮雲搖畫舫。
可堪三月去悠悠，飛絮無聲落滿頭。
號角低鳴鐘鼓響，遊絲默默替人愁。
一折柳，慈母送兒天下走。
二折柳，征夫別婦邊陲守。

三折柳，知交零落柳空瘦。
悲聲催淚到何時，試看今日楊柳枝。
細葉被風才剪出，婆娑一樹萬垂絲。
柳絮飛時滿城雪，長條短條無人折。
莫疑親友寡無情，應是人間少離別。
君不見，渭水如今鮮有船，無船亦可到天邊。
南北只消三五日，驛路迎來高鐵篇。
君不見，銀塔擎天如柳幹，電網三千飛柳線。
海角天涯資訊通，分分秒秒皆傳遍。
灞橋寂寂柳無聊，春發新枝夏垂條。
不辭長作惆悵客，換得人間別恨消。

減蘭·懷友

那松那竹，那夜迎賓山裏宿。一柱堪雄，截雨催開菊半叢。
何年何月，何處再將儔侶謁。試作新聲，滿紙啼鳩不住鳴。

武當行

溪清林密禁宮深，天柱峰高抵日心。
道樂聲中雙鶴舞，樓臺夢合月西沉。

感時

倚樓悵望海煙沉，歲在壬辰日有陰。
縱使關河無限闊，能容倭寇幾番侵？
狂濤百卷登礁艦，怒火三煎保釣心。
十四億人同一討，檄文強發共和音。

金縷曲・與弟書

檻外蟬聲哭。惜芙蕖，花開未半，鬧蛾爭撲。愁看紅泉流憔悴。殘月西風影獨。聽疏雨、涼亭幽屋。連日積思終有夢。問人間塵障何時肅。天不語，但搖竹。　　江城望極眉雙蹙。想從前、家貧母病，稚肩勞碌。春種棉麻秋收栗。苕葉瓜湯果腹。雪霜鎖，沉屙涸木。願舍吾生添汝壽。便依然楊柳年年綠。書到此，淚如簌。

懷遠

西風過雨晚雲收，獨坐屏前憶舊遊。
才入夢中聞楚語，便從圖上識荊州。
思隨漢水連潮湧，腮共荷花映日羞。
漠漠蟾宮搖桂影，天香只與主人留。

瀟湘夜雨·題蘇子遊杏花村圖

客裏風光，行舟攬勝，歧亭空蕩吟魂。清明細雨滌前塵。牛背上，蓑衣短笛依舊在，吹弄天真。教人忘，烏臺夢惡，痛飲金樽。　　軒窗對景，題詩再讀，墨淡香勻。望疏林千畝，瓣落如雲。煙柳外，黃昏小院巢燕歇，鶯語流春。爭相囑，年年歲歲，來訪杏花村。

【南仙呂·一封書】淩霄花

一天雨露佳，杏腮滑、柳眼花。（十里）稻田亂鼓蛙，看淩霄、掛枇杷。雖然用盡平生力，畢竟分來幾許霞。半蒙羞、半被誇，默送清涼到萬家。

【雙調·撥不斷】消夏曲

日沉山，樹鳴蟬。迎風菡萏層層展，浮水鴛鴦對對眠，無聊時事人人侃。說的是、（東家）女偷了（西家）漢。

【仙呂宮·一半兒】思遠人

鳳床鴛枕憶前春，簾影無風佳夢頻。佳夢醒來不見君。好煩人，一半兒思來一半兒忍。

【仙呂宮　一半兒】聊

倚床支枕夜讀書，夢契梁州真有無？短信飛天詢首都。待回復，一半兒屬實一半兒否。

【中呂　山坡羊】釣趣

蛙鳴蟬噪，溪邊垂釣，柳絲閒蕩蜘蛛吊。看浮標，水中搖，長杆半起魚兒跳，矮凳一拋人絆倒。傷，也不（見得）惱；疼，也不（見得）惱。

【中呂　山坡羊】讀書

經年伏案，經年流汗，唐風宋韻天天念。思綿綿，意翩翩，換巢鸞鳳離亭燕，明月圓時妃子怨，詩，世代傳；詞，（也）世代傳。

【中呂　山坡羊】遊濕地公園

蒲風翻曙，荷衣承露，三三兩兩鷗和鷺。賞銀魚，采黃菊，郊原草沒遊人路，幸有標牌前後豎。東，（可以）繞過去；西，（也可以）繞過去。

【中呂　賣花聲】祭

三根香火三杯酒，一束菊花一段愁，幾隻杜宇幾聲啾。繁花飛雪，叢林流秀，每清明、斷腸依舊。

【中呂　賣花聲】農家樂

歡雲喜雨青山聚，綠傘紅蕖碧水居，農人樵子扮漁夫。不分貧富，不分翁嫗，樂融融、一齊參與。

【雙調　雁兒落帶過得勝令】春

一天涵雨雲，兩樹催梅信。才將草地茵，又把田園潤。【帶】柳絮亂紛紛，河水自粼粼。葉底追魚急，花間采蜜勤。湖村，三五樓臺俊；江濱，萬千跳舞人。

【雙調　清江引】釀酒

京城昨夜風倍爽，桑葚從天降。今朝拾果忙，試把瓊漿釀，（哪曉得）水平太差才一兩。

【雙調　清江引】街舞

無聊飯後街上去，不少中年婦，搖頭又扭軀，還扭白皮肚，一下二下猶在數。

【雙調　清江引】見面

（眼巴巴）盼著到了禮拜天，（為的是）去把良人見，（一遍遍）塗脂又抹胭，（好端端的）衣換（了）三十件，實在不知哪套選。

【雙調　清江引】桑樹

池塘在右園在左，百萬鶯穿過，三千寂寞柯，一地繁華落，恨無一人來伴我。

【雙調　清江引】打乒乓球

一拍轉動拉帶抽，每把心弦扣，幾多機會球，輸在輕狂後，不然定會贏對手。

【仙呂宮　一半兒】別離

月光今夜價連城，浩氣橫吹渾不冷。地北天南將送行。酒杯傾，一半兒強撐一半兒醒。

【仙呂宮　一半兒】電話

忽然一陣鬧鈴聲，驚我他鄉閨夢醒，怨問母親啥事情，夜三更，一半兒叮嚀一半兒哽。

【雙調　雁兒落帶過得勝令】思

京城五月天，魯院雙休日。抱琴北曲彈，放月西窗入。【帶】對面是花園，何處是晴川。雙淚流成線，一詩題在箋。翩躚，梁上無情燕，盤旋，樓中失意煙。

【雙調　雁兒落帶過得勝令】來客

無聊面壁時，有客來鄉里。忙邀樓上坐，難掩心頭喜。【帶】沒等話題詢，已是淚先奔。才看斑斑鬢，又哭寂寂墳。離分，千萬人生恨，成塵，萬千歲月痕。

【中呂　山坡羊】聚會

端陽前後，櫻桃熟透，玉堂高宴兒時友。二鍋頭，滿金甌，手機交與吧台扣，擊掌劃拳骰子投，贏，也是（喝）酒；輸，也是（喝）酒。

【中呂　山坡羊】柳

房前屋後，春榮夏茂，秋來零落冬成瘦。越溫柔，越牽愁。灞橋渭水離人袖，野岸曉風殘月舟。眸，（一雙雙）淚在流；酒，（一杯杯）恨未休。

【正宮　醉太平】無題

對房間電腦，吹壁上竹簫，自娛自樂自逍遙。怕嫌深夜擾，急忙忙把門閂倒，慌張張把窗簾罩，陰悄悄把噪音調。老先生累了。

【正宮　醉太平】老趣

住陽春大廈，喝穀雨新茶。樓前飛過幾烏鴉，（喜癲癲）趕忙拿畫夾。（眼看著）一飛一個桃梨下，又飛一個湖塘汊，還停一個柳梢丫。老先生畫哪。

【正宮　醉太平】無題

飲三杯濁酒，銷萬種閒愁。玉人今夜在西樓，把空房屢守。為何要去他鄉走，為何一去經年久，為何要把髮妻休。老先生罵狗。

【正宮　醉太平】無題

愛軒窗近水，好美酒傾杯。蜂兒飛過鵲兒追，穿桃花杏蕊。芙蓉葉底親親嘴，櫻桃樹下勾勾腿，海棠叢裏屁屁肥。老先生醉窺。

【正宮　醉太平】梅

得春風模樣，生皓月心腸。荒田野畈細流香，任冰霜過往。人來萬里孤山仰，歌傳千載黃昏唱，額頭幾點盛唐妝。老先生最賞。

【正宮　醉太平】祭

悵悠悠逝水，念寂寂殘碑。清明時節又傷悲，墳前花與蕾。幾多文字聯成對，幾多心事流成淚，幾時能喚斷魂歸。老先生背垂。

【正宮　醉太平】隱

看江流滾滾，傷葉落紛紛。一春多病懶行文，到京城去隱。夢中有樂誰人問，詩中帶怨何花損，胸中郁氣化成雲。老先生弄孫。

【中呂・山坡羊】春風

紅牆朱戶，榆錢柳絮，多情最是東風駐。日驅驅，夜徐徐，吹開花朵芳心吐，吹醒魚池白鷺呼。梧，（一層層）葉在舒，竹，（一竿竿）莖未曲。

【仙呂宮　一半兒】思鄉

白雲腳下楚山秋，黃鶴樓前江水流。流到漢陽鸚鵡洲，溉田疇，一半兒蓮來一半兒藕。

我家就在漢江居，聽慣船兒號子呼。看慣漁民網捕魚，在東湖，一半兒風來一半兒雨。

多年沒寄一封書，夢裏家山叫鷓鴣。一叫一聲江草枯。淚模糊，一半兒娘來一半兒父。

【正宮　塞鴻秋】童年趣事

阿翁樹下讀晨報，阿婆屋裏燒柴灶。忽然一陣鈴聲鬧，叮叮吵醒誰的覺。伸伸小懶腰，看我如何尿，又高又遠媽媽笑。

潺潺溪水將村繞，團團柳樹逢春茂。新蟬亮嗓蟪蛄叫，小荷著雨珍珠跳。一池錦鯉苗，看我如何釣，扯根蘭草當魚料。

芭蕉葉底薔薇俏，葡萄架下葫蘆吊。初開茉莉枝頭笑，雙飛蝴蝶人前鬧。一群麻雀囂，看我如何罩，一拉繩子全飛掉。

老牛耕地鞭兒嘯，乳豬哄食槽兒凹。野鴨浮水盈盈照，母雞下蛋咯咯叫。窩窩壘得高，看我如何盜，歪登凳子斜摔倒。

幾人伏在田間稻，幾人貓在村中窖。幾人迂過羊腸道，幾人鎮守觀音廟。夜黑風月高，看我如何號，彈弓當作槍和炮。

幾回入夢鄉音繞，幾回醉酒詩思妙。幾時才把先賢效，幾時能把雙親孝。輕車過小橋，看我如今貌，銀絲瘋長烏絲掉。

【越調　小桃紅】陽邏港印象

少年羈旅溯長江，夜宿陽邏港。燈火初明月初上，霧茫茫。俚歌一曲漁舟唱，其聲也揚，其情也悵，其調（也）斷人腸：

"我家生計在長江，全靠一張網。江上多風又多浪，雨倡狂。可憐舟覆雙親喪，我心所傷，我心所愴，我恨在何方。"

　　中年高鐵旅長江，再宿陽邏港。連苑高樓幾千丈，接天堂。
人流有序車流暢，稻花送香，蘋花送爽，玉管送悠揚：

　　"我家樓閣傍長江，樓住陽邏港。多少車流大橋上，往來忙。
廣場歌舞追時尚，婆婆化妝，爹爹吊嗓，孫子（忙著）相機扛。"

　　老年若再過長江，思臥陽邏港。一卷詩書枕邊放，閱滄桑。
閑來也擬漁舟訪，將他夜涼，將他日朗，寫入我文章。